Minerva Shobo Librairie

「ラーニングフルエイジング」とは何か

超高齢社会における学習の可能性

森 玲奈

[編著]

ミネルヴァ書房

はじめに：「ラーニングフルエイジング」とは何か

超高齢社会と生涯学習

　現代日本が超高齢社会であることは，誰しも認めるところです。日本だけではなく全世界が，その人口構成において未踏の領域に踏み込んでいます。そして，さまざまな分野がこの課題の研究・実践に取り組んでいます。たとえば，行政は増えていく高齢者をどのようなシステムで支えるかを検討していますし，医学においては，健康寿命を如何に長くするかという研究がなされています。高齢者に対応したビジネスの成長も目覚ましく，これについても多くの提案がなされています。このような中，個人の加齢や社会の高齢化といった，「エイジング」に関する諸問題を，生涯学習の課題として捉え直すことが，本書のコンセプトです。

　ここで改めて，「生涯学習とは何か」ということを考えてみたいと思います。私たちは，フォーマルな場，すなわち学校以外でも沢山の学習をしています。これについて，昨今では，「インフォーマル学習」という表現を使います。私たちはさまざまなところで人に触れ，情報に触れ，日々自身を変容させています。その活動の総体は，「生涯学習」と捉えることができるでしょう。

　以前の日本では，「生涯学習」は「社会教育」，それより以前は「通俗教育」というふうに呼ばれていました。大正から昭和初期にかけて行政，とりわけ文部省の中で，社会教育ということが政策課題になってきたという歴史があります。その後，第二次大戦後に社会教育法が制定され，アメリカの占領政策の影響もあり，戦後教育改革の中で社会教育は徐々に制度化をされていくことになります。1960年代にはユネスコの提唱した"Life Long Education"という言葉が一般化しました。それが「生涯学習」という言葉に変化していったのは，実はつい最近，1980年代からなのです。当時の「生涯学習」は，消費社会や新自由主義との親和性も高く，学びたい人が学びたいときに自分のお金を出して学ぶというような，非常に教養主義的で自由主義的，かつ個人主義的な色彩を

i

帯びて定着していきました。

　しかしながら，近年，社会の変化の中で，「生涯学習」という言葉の意味が少しずつ変化してきています。たとえば，地域の持続可能性，福祉の充実といった課題に対しても，「生涯学習」という視点が有用ではないかと考えられてきています。本書では，「生涯学習」を社会における課題の解決方略の一つとして捉えてみたいと考えています。

〈ラーニングフルエイジング〉プロジェクト

　「ラーニングフルエイジング（Learningful Ageing）」とは，学ぶことと年をとることを組み合わせた造語であり，死ぬまで学び続ける，という想いが込められています。東京大学大学院情報学環と医療法人医風会は，学び溢れる「ラーニングフルな社会」を創っていくというビジョンに向け，2013年から2016年まで共同研究を行ってきました。そこで始められた取組の総称を，〈ラーニングフルエイジング〉プロジェクト」と呼んでいます（URL：http://learningful-ageing.jp/）。

　学び続けるという生き方は，楽なことばかりではありません。常に自分を更新し，生まれ変わっていくということには，それ相応の痛みも伴うと考えられます。しかしながら，赤ちゃんや子どもには成長しなさいと言うのに，大人になったら自身をアップデートしなくていいなんて，そんなことがあるはずがないのです。日々成長し続けることは決して容易ではありませんが，そこには何物にも代えがたい充実感があり，それは人生を豊かにし，私たちを幸せへと誘うでしょう。身体の健康は心の健康からともよく言われます。心身の健康のためにも，自分は昨日の自分より輝いているという実感は有益なのではないかと思います。

　このプロジェクトでは，先行研究をレビューした上で，超高齢社会において市民が主体的に生きるための学習課題について考えました。そして，(1) ヘルスリテラシー，(2) 住まい方，(3) 働き方，(4) 死との向き合い方，という4つの学習課題があるのではないかと仮説を立てました。さらにその中核には知的好奇心がある，と定義しました。

　さらに，学習を進めるための新しい手法として，(1) オンライン学習，(2) シ

はじめに:「ラーニングフルエイジング」とは何か

図1 「〈ラーニングフルエイジング〉プロジェクト」のホームページ

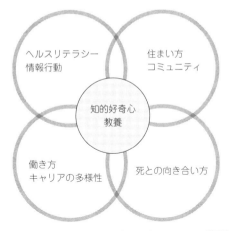

図2　超高齢社会において主体的に生きるための学習課題

ェア，(3) プロジェクト，(4) カフェ，(5) ワークショップ，という5つの手法を提案しました。このような視座に立ち，領域の異なる研究者の方々にご協力をいただき，2014年9月から毎月「ラーニングフルエイジング研究会」を開催してきました。本書は，研究会での議論を踏まえ，改めて編まれたものです。

　本書は，2部構成です。第Ⅰ部では超高齢社会における学習課題を取り上げます。

　第1章「エイジングとヘルスリテラシー」は，聖路加国際大学大学院看護学研究科教授の中山和弘さんが執筆しました。ヘルスリテラシーとは「健康情報を獲得し，理解し，評価し，活用するための知識，意欲，能力であり，それによって，日常生活におけるヘルスケア，疾病予防，ヘルスプロモーションについて判断したり意思決定をしたりして，生涯を通じて生活の質を維持・向上させることができるもの」と定義されているそうです。この章では，ヘルスリテラシー向上のための要因は何か，よりよい意思決定はどうすれば可能なのかということが書かれています。

　第2章「住まい方とコミュニティ」は，東洋大学ライフデザイン学部人間環境デザイン学科教授の水村容子さんが執筆しました。19世紀末の深刻な貧困と少子化に直面し苦しむ社会の状況から脱するべく，福祉施策と住宅政策が連動したスウェーデンの事例を交えながら，高齢になっても活き活きと，最後まで地域・住宅に住み続けることのできる社会について書かれています。

第3章「高齢者の働き方と生涯発達」は，神戸大学大学院人間発達環境学研究科准教授の片桐恵子さんが執筆しました。片桐さんはこれまで退職シニアの社会参加を中心に研究を進め，その中でさまざまな可能性を見出してきました。この章では，退職を迎えたシニアの社会参加を契機にした，さまざまな生き方や生涯発達の可能性について書かれています。

第4章「老いと学びの共同体」は，哲学対話の実践を続けてきた東京大学大学院総合文化研究科教授の梶谷真司さんが執筆しました。「老い」の問題を考えたとき，「もともとできたことができなくなっていく」ということが核心にあると梶谷さんは指摘します。この章では老いにおける学びに重要なことは他者と共に生きる上での主体性と当事者性であるという視座に立ち，哲学対話と学びの共同性について議論されています。

第5章「がんと生きる」は，緩和ケアを行う医師であり東京大学大学院医学系研究科緩和医療学講座特任講師でもある岩瀬哲さんが執筆しました。岩瀬さんは，がん患者とその家族の意思決定支援，苦痛の評価と治療，在宅医療の調節をされています。私たちにとって「死」は避けられないものであり，だからこそきちんと向き合って考えることが大切です。この章では，がん医療における問題点とその課題について述べられています。

第Ⅱ部では，超高齢社会における学習手法を取り上げます。

第6章「高齢者とオンライン学習」は東京大学大学院情報学環教授である山内祐平さんが執筆しました。この章では，昨今話題になっているMOOC（大規模公開オンライン講座）の事例を取り上げます。世界的にMOOCが普及する中，日本でも「gacco（ガッコ）」などのプラットフォームで大学の公開講義を無料オンラインで受けられる環境が整ってきています。大学レベルの知をオンラインで無料で学べることが，高齢者の学習にどのような意味をもつのか，動向と事例などから考察しています。

第7章「新しい，人が集まる場」は，新しい場づくりの実践について，3名の方が共同執筆しています。まず，建築家で東京大学工学系研究科の助教でもある成瀬友梨さんから，「シェア」をキーワードに，新しい住まい，働く場，

コミュニケーションの場について紹介します．そして，後藤純さん（東京大学高齢社会総合研究機構特任講師）と後藤智香子さん（東京大学大学院工学系研究科特任助教）からは，陸前高田のコミュニティカフェ「りくカフェ」での取り組みを中心に，具体的な事例を紹介していただきます．生涯学び続ける存在として高齢者を捉えた場合，どのような場があったらよいのか，「りくカフェ」をヒントに考察していきます．

第8章「プロジェクトを通じた高齢者の学び」は，大学教員と同時に特定非営利活動法人の代表理事を務める大武美保子さん（千葉大学大学院工学研究科・NPO法人ほのぼの研究所）が執筆しました．大武さんは認知機能をバランスよく活用する双方向会話支援技術「共想法」を考案し，社会実装を通じて手法の深化と実用化を同時に進めています．このプロジェクトには，当事者である高齢者が一連の実践研究を推進しているという特徴があります．この章では，高齢者がサービスの受け手だけではなく担い手ともなる近未来的超高齢社会の在り方について事例を基に述べられています．

第9章「カフェ型ヘルスコミュニケーションにおける学び」は，家庭医であり研究者でもある孫大輔さん（東京大学大学院医学系研究科医学教育国際研究センター講師）が執筆しました．孫さんは，市民のヘルスリテラシー向上と医療従事者教育を目的として，実践研究を行っています．若者から高齢者まで参加でき，非専門家と専門家が互いに学び合える構成主義的な学習の場として，カフェ型のアプローチの可能性について言及しています．

第10章「多世代共創社会に向けたワークショップ」は，編者でもある森玲奈（帝京大学高等教育開発センター講師）が執筆しました．ワークショップという手法の特徴と海外での事例，そして国内の事例として多世代で学ぶワークショップのデザインについて紹介します．今後，多世代共創社会に向けてワークショップ実践にどのような可能性があるかについても論じます．

巻末には，発展的に学ばれたい方のために，付録「〈ラーニングフルエイジング〉ブックガイド」も用意しました．本書が，皆様の学び溢れる人生のひとときと共にあることを，著者一同，心から嬉しく思っております．

編者　森　玲奈

「ラーニングフルエイジング」とは何か　目　次

はじめに：「ラーニングフルエイジング」とは何か

第Ⅰ部　超高齢社会における学習課題

第1章　エイジングとヘルスリテラシー……………中山和弘…2
 1.1　ヘルスリテラシーとは……………………………………………2
 1.2　ヘルスリテラシーの多様な次元………………………………11
 1.3　高齢者のヘルスリテラシー……………………………………14

第2章　住まいとコミュニティ………………………水村容子…26
 2.1　文化としての住まいと住まい方………………………………26
 2.2　住まいを通じてコミュニティにつながる……………………32
 2.3　持続可能な北欧の住まいと住まい方…………………………34
 2.4　超高齢社会における日本の住まいと住まい方………………45

第3章　高齢期の働き方と生涯発達…………………片桐恵子…47
 3.1　働く60代…………………………………………………………48
 3.2　高齢期キャリアからみた社会参加……………………………54
 3.3　学び・発達の場としてのシニア期の"キャリア"……………56

第4章　老いと学びの共同性…………………………梶谷真司…64
 4.1　「老い」という問題………………………………………………64
 4.2　老いることの意味………………………………………………67
 4.3　老いにおける学び………………………………………………70
 4.4　哲学対話と学びの共同性………………………………………73
 4.5　老いも若きも……………………………………………………78

第5章　がんと生きる…………………………………岩瀬　哲…83
 5.1　がんと生きる……………………………………………………83

5.2　緩和ケアとは何か……………………………………………… 88
5.3　進化医学…………………………………………………………… 91
5.4　めぐり合せ……………………………………………………… 95

第Ⅱ部　超高齢社会における学習手法

第6章　高齢者とオンライン学習………………………山内祐平… 98
6.1　オンライン学習の普及………………………………………… 98
6.2　対面学習との組み合わせ……………………………………… 105
6.3　高齢者にとっての可能性……………………………………… 108

第7章　新しい，人が集まる場‥成瀬友梨・後藤智香子・後藤　純… 117
7.1　シェアする場の設計手法……………………………………… 118
7.2　りくカフェ：被災地におけるコミュニティスペースの新しい展開… 136
7.3　おわりに………………………………………………………… 148

第8章　プロジェクトを通じた高齢者の学び………… 大武美保子… 151
　　　　──ほのぼの研究所における取り組み
8.1　認知的健康につながる会話支援──共想法………………… 152
8.2　高齢者が参加する認知症予防研究──ほのぼの研究所…… 155
8.3　高齢者によるプロジェクトの推進を支える相互学習……… 160

第9章　超高齢社会とカフェ型ヘルスコミュニケーション
　　　　における学び………………………………………孫　大輔… 164
9.1　超高齢社会とヘルスコミュニケーション…………………… 164
9.2　カフェ活動の系譜……………………………………………… 165
9.3　カフェ型ヘルスコミュニケーション「みんくるカフェ」…… 168
9.4　カフェ型ヘルスコミュニケーションにおける学び………… 175
9.5　今後の展望……………………………………………………… 180

第10章　多世代共創社会に向けたワークショップ……森　玲奈… 182
　10.1　高齢者に向けた学習環境のデザインとワークショップ……………… 182
　10.2　多世代で共に創るワークショップのデザイン…………………… 191
　10.3　超高齢社会におけるワークショップの可能性………………… 198

〈ラーニングフルエイジング〉ブックガイド…………園部友里恵… 00

おわりに：なぜ「ラーニングフルエイジング」なのか

第Ⅰ部
超高齢社会における学習課題

第1章

エイジングとヘルスリテラシー

中山和弘

1.1 ヘルスリテラシーとは

1.1.1 ヘルスリテラシーの定義

　リテラシーという言葉は，基本的に読み書き能力を表します。さらに，日本では「読み書きそろばん」，英語圏ではスリーアールズ（reading, writing, arithmeticで3R's）といい，数値を理解したり計算ができたりする数的な能力も含まれます。数的な能力は，ニュメラシー（numeracy）とも呼ばれます。これは，ナンバー（number）とリテラシー（literacy）という2つの単語を組み合わせた造語です。歴史的には，文字は数字から始まったのでリテラシーに含めてよいのですが，文字をリテラシー，数字をニュメラシーと呼び分ける場合があります。

　リテラシーの範囲は，「読み書きそろばん」からますます広がってきていて，今や多様なリテラシーがあります。コンピュータリテラシー，科学的リテラシー，情報リテラシー，メディアリテラシーなど，数十種類あると言われます。ここで紹介するヘルスリテラシーも，そこに新しく仲間入りしようとしているものです。それは，これらの多様なリテラシーと密接につながるものですが，過去の文献レビューに基づく最近の定義では，「健康情報を入手し，理解し，評価し，活用するための知識，意欲，能力であり，それによって，日常生活におけるヘルスケア，疾病予防，ヘルスプロモーションについて判断したり意思決定をしたりして，生涯を通じて生活の質を維持・向上させることができるもの」とされています（Sørensen et al. 2012）。

この定義に基づいて，エイジングの視点から注目される部分を見ておきましょう。定義のなかの「健康情報を入手し，理解し，評価し，活用する」ためには，いくつものリテラシーが必要とされます。健康情報は，高度化，専門化し，インターネットなど多くのメディアの発達によって，専門機関や専門家を含めて多様な人々から提供されています。特に，コンピュータリテラシーやネットリテラシーは，それが登場する前に生まれ育った世代にとって，大きな影響を持つことになります。また，定義には「知識，意欲，能力」とあり，なかでも「意欲」については，加齢に伴い，役割の喪失，孤立やうつ，閉じこもりなどといった社会との関係において注目すべき点になります。それでも，「生涯を通じて」という部分では，それをもつことで年齢を問わず，生活の質を維持・向上できるとしています。

　次に，「ヘルスケア，疾病予防，ヘルスプロモーションについて判断したり意思決定をしたり」という部分を見てみます。まず，「ヘルスケア」では，保健医療の専門機関や専門家が，どのような情報提供やコミュニケーションをして，「判断したり意思決定をしたり」を支援しているかです。素人判断や自己判断はいけない，専門家のすることに口出ししてはいけないというパターナリズムに慣れている場合はどうでしょうか。常に目上の人，先生の意見に従う習慣が身に付いていて，自分で決めるなんて慣れていない，できないということもあります。「疾病予防」では，喫煙，運動不足，飲酒，肥満，高血圧，高コレステロール，大気汚染や放射線など数多くの"リスク"ファクターや，予防接種による感染"リスク"の減少，定期検診による"リスク"のモニタリングといった，リスクという概念を理解することはどうでしょうか。リスクとは，「損失の発生確率×損失の大きさ」と定義されます。発生確率も大きさも数値で表現されれば，数的な能力であるニュメラシーが不可欠になります。

　そして，「ヘルスプロモーション」です。これも「疾病予防」を目的に含むのですが，きちんと区別してあります。それは，単にリスクファクターを個人でコントロールするのではなく，個人では変えにくい環境や社会づくりを強調しているからです。したがって，コミュニティや組織づくり，政策づくりに参加したりする，意欲や能力が問われます。地域活動は，地域の高齢者によって

担われている部分が大きく,「ヘルスプロモーション」の担い手として果たすべき役割は拡大しているとも言えるでしょう。

このように「疾病予防」と「ヘルスプロモーション」を区別する方法も意義があるのですが,ヘルスリテラシーの大きな流れとしては2つあると考えたほうが理解しやすいと思います。「疾病予防」は「ヘルスプロモーション」の中に含めるとして,ヘルスケアの流れとヘルスプロモーションの流れとして見ていきましょう。前者が医療機関での治療やケアの場における個人の病気や症状を中心としたアプローチが中心であるのに対して,後者は,家庭やコミュニティ,職域,商業界,政治界などの場での集団の疾病予防や健康増進,公衆衛生を対象としたものです。

1.1.2 ヘルスケアとヘルスプロモーションの2つの流れ

ヘルスリテラシーの2つの流れのうち,ヘルスケアでの流れは,主にアメリカで発展してきました。病院などの臨床場面における情報やコミュニケーションが中心で,主に健康関連用語の読み書き能力が問われています。これは,機能的ヘルスリテラシーと呼ばれます。医療者の側が,ヘルスリテラシーの低い人に気がついていないこと,患者の側は,説明がわからなくてもどうしていいかわからず言い出せていないことが明らかになってきたためです。ドン・ナットビーム(Don Nutbeam 2008)は,これはヘルスリテラシーを「リスク」ととらえたものだとしています。それが患者の意思決定や,処方薬のコンプライアンス,慢性疾患の自己管理の状況を通して,患者の健康に影響する点に注目しています。アメリカ医師会などさまざまな機関や組織が,臨床の現場で低いヘルスリテラシーの人をいかに簡単に確実にアセスメントできるか,対象に合わせたコミュニケーションをどうしたらできるかを追求してきています。

ヘルスプロモーションでの流れでは,個人が行動を変える能力だけではなく,それをサポートするためにコミュニティや集団で環境を変える行動に参加できる能力に注目します。ナットビーム(2008)は,このようなヘルスリテラシーを,個人や社会を変化させる幅広い「資源」とみなせるとしました。このように少なくとも2つの流れにおける幅広い内容を含むため,ヘルスリテラシーは

アンブレラターム（さまざまな概念を傘の下に入れた言葉）であるとも言われます。

とくに，ヘルスプロモーションの流れでは，医療者と患者の関係に限定されません。健康な人の日常生活，ライフスタイルや行動を含めて，カバーする範囲が広いことから，多様な視点が求められます。そこで次に，ヘルスプロモーションとは何かについて述べたいと思います。

1.1.3　ヘルスプロモーションとは

「ヘルスプロモーション」の定義は，第6回ヘルスプロモーション世界会議 (2006) におけるバンコク憲章では，「自らの健康とその決定要因をコントロールし，改善することができるようにするプロセス」とされています。それは，人々が健康を維持・増進するための技術や能力を高めるという個人へのアプローチと，それを支援する環境の整備という社会的アプローチという2本の柱からなります。特に，個人の行動の変化のために，後者の社会的な変化のほうがより強調されています。この社会を変えていくためには，専門家だけでなく，市民の参加が必要なため，市民の力であるヘルスリテラシーが必要とされているわけです。この意味で，ヘルスリテラシーはヘルスプロモーションのコア概念であると言われるようになってきています（中山 2014）。

現在に至るまでの20世紀の医学や公衆衛生学の歴史をたどってみましょう。20世紀前半までに医学は大きく発展し，病院，研究所，大学といった専門機関を中心に努力が払われてきました。しかし，増加する心臓病，がん，脳卒中といった慢性疾患に対して，病気の治療だけでは死亡率や罹患率の減少には限界があり，医療費も高騰するばかりでした。そこで，疾病予防のために1960年代から70年代にかけては，喫煙，食事，運動などのライフスタイルの健康影響に焦点があたりました。そして今度は，個人のライフスタイルこそが問題であり，健康の責任は個人にあるのだという自己責任論が強調されてしまいました。しかし，健康に配慮した生活がしたくてもできない場合，その人だけを責めることはできません。現代の個人のライフスタイルには，多くは企業の広告戦略と消費文化が深く関わっています。映画やテレビのスターは，タバコを吸い，酒

をあおり，車を飛ばす。それがかっこいい，一人前の大人ならそれが当たり前なのだとされました。

したがって，そのような個人を責めるのは，犠牲者非難であると批判されました（Crawford 1977）。病気をつくる社会のあり方より，個人のライフスタイルや行動が問題化されてしまったわけです。健康主義（Healthism）によって，個人の日常生活までもが医療の対象となってしまったと指摘されました（Crawford 1980）。妊娠，出産，死など，かつては医療の対象となっていなかったものが，その対象となることを医療化と言いますが，それが個人のライフスタイルにまで及んだわけです。そこで必要になったのは，病気になることを自業自得とするような健康の自己責任論からの転換でした。

そこで強調されたのが，WHO（世界保健機関）によるヘルスプロモーションの考え方でした。それ以前の上から下へのトップダウン式の「自分のことだから自分で気をつけてください」というやり方ではなく，「それができるようにみんなで環境を変えていきましょう」という方法への転換です。個人の責任とされてしまったライフスタイルでは，環境の影響が大きいからです。いくら行動変容のための教育プログラムが成功しない人がいても，それまでもその人の責任とするのは犠牲者非難であり，その人ができるようなサポーティブな環境を作り出せていないと考えるべきだとしています。

もともとWHOは，健康における社会の力を強調していました。1946年に発表されたWHO憲章では，「一般の市民が確かな見解（informed opinion）をもって積極的に協力すること（active co-operation）は，人々の健康を向上させていくうえで最も重要なことです。」とあります。人々が，今でいうエビデンス情報を得て，協力し合うことの重要性がうたわれていたわけです。言い換えれば，ヘルスリテラシーを持ち，人々が情報を共有する社会への参加の必要性を指摘していたと考えられます。

実際に，健康の要因となっている社会のありかたを明らかにする社会疫学という領域が，発展してきています。WHOのヨーロッパ事務所がまとめた，『健康の社会的決定要因：確かな事実の探求』（WHO, 2003. Social determinants of health: the solid facts）では，決定要因として10項目を挙げています。それは，

社会格差，ストレス，幼少期，社会的排除，労働，失業，ソーシャルサポート，薬物依存，食品，交通です。これらをまとめると，幼少期からずっと自分に価値があり評価されていると感じること，友人と打ち解けられる社会，役に立っていると感じること，働きがいのある仕事につき，十分に自由裁量があることが健康に結びついているとしています。これは，人とのつながり，信頼，お互いの役に立っていることが重要だということです。

1.1.4　ソーシャルキャピタルとしてのヘルスリテラシー

　このようなつながりや信頼，そしてお互いの役に立つような活動への参加は，ソーシャルキャピタル（社会関係資本）と呼ばれています。そしてこれが健康と関連しているという研究が報告されています（カワチほか 2008）。そのため，ヘルスリテラシーはソーシャルキャピタルの重要な要素であるとされています（Kickbusch & Maag 2008）。それは，ヘルスリテラシーの向上のために互いに信頼しあって協力するような文化や風土でもあります。それを築き上げることが，自分たちの健康で充実した生活につながることを実感し，共に喜べる機会をつくり出すことにつながります。ソーシャルキャピタルは，他者からのサポートを受けられるという信頼感で測定されることが多く，これが健康に影響し，健康であれば他者のサポートができるという好循環を生むということです。サポーティブな人間関係と健康の関連に注目するソーシャルサポート研究では，実際のサポートの有無にかかわらず，それが得られそうであると思える人のほうが健康であることが報告されてきています。情緒的なサポートなど，人間関係のサポート機能が健康に影響しているということです。

　つながりの影響の大きさは，これまで最も強い影響をもつと知られていた喫煙をも上回るとの研究もあります（Holt-Lunstad et al. 2010）。この理由としては，次のようなものがあります（Umberson & Montez 2010）。サポートがあると自分自身のことは自分でコントロールできるという感覚が持てるため，自分の行動をよりよい方向に変えられる可能性が高まります。また，人とのつながりと健康的な習慣が持つ象徴的な意味です。たとえば，結婚したり子どもができたりすると健康でいることに責任を感じるという点から健康な行動をとることがよ

り意味あるものになります。友情を示すために友達と同じ行動をとることに意味を見出すなど，社会的な規範も影響します。

1.1.5　人と人とのつながりと健康

　ソーシャルサポートと密接に関連していて，ストレスを乗り越えて成長する力も知られています。医療社会学者アーロン・アントノフスキー（Aaron Antonovsky）によって提唱された Sense of coherence（首尾一貫感覚，以下 SOC）です（アントノフスキー　2001）。その発見のもとになった研究は，イスラエルの更年期女性を対象としたもので，第2次大戦中にナチス・ドイツの強制収容所を経験した女性は，そうでない女性と比べて，ずいぶん長い時間を経ていても，健康度が低かったというものでした。しかし，その過酷な経験をした女性の中にも決して引けを取らない健康度を維持していた女性たちがその感覚をもっていたというものです。それには次の3つがあります。

　　把握可能感＝「日常生じる困難や問題を理解したり予測したりできる」
　　処理可能感＝「日常生じる困難や問題の解決策を見つけることができる」
　　有 意 味 感＝「人生で生じる困難や問題のいくつかは，向き合い，取り組
　　　　　　　　　む価値があると思う」

　これらの感覚は，逆境下にあっても強く折れない心をもてる資源への認知と考えられています。ストレスに対処するうえで，それを成長の糧とできる自己への信頼と，それができるサポートが得られるという周囲への信頼が含まれた感覚です。特に有意味感は，人生に目的や意味をもつ感覚で，ストレスがあるときにサポートを得られるなど，人とのつながりによって促進されるものと考えられています。同じく，ナチス・ドイツの強制収容所に入れられたユダヤ系イタリア人父子を描いた，映画『ライフイズビューティフル』では，過酷な未来を予感したネガティブな感情だけでなく，それを振り払うように父親が繰り出すユーモラスな言動で，笑いというポジティブな感情を同時に経験できる感動を味わうことができます。ネガティブな感情とポジティブな感情の相互作用やバランスには意味があり，つらい出来事を教訓として意味あるものにする働

きがあるとも言われます。

　アントノフスキーは，SOCの存在を通して，健康のリスクファクターを取り除くだけの疾病予防的な見方だけでなく，ストレスに満ちた人生の中で何が健康に向かわせるのかという健康要因に着目する健康生成論を展開しました。この健康を作り出すという発想は，まさにヘルスプロモーションの概念と一致しています。それも個人だけでなく，ストレスを周囲の人々と一緒に乗り越えていき，協力し合えた自信によって集団やコミュニティ全体の信頼感を高めていくというものです。WHOのヘルスプロモーションを方向づけた1986年のオタワ憲章では「健康は，人々が学び，働き，遊び，愛し合う毎日の生活の場の中で，人々によって創造され，実現される。健康は，自分自身や他人をケアすることで創造され，自らの生活環境について意思決定できたりコントロールできたりすることで創造され，また，社会が，その構成員すべての健康を達成できるような状況を自ら作り出すことを保証することによって創造される」とされています。健康を自分たちで作り出すということが，ヘルスプロモーションであり，そのために人々がもつ力がヘルスリテラシーです。

　健康をつくる力として，信頼やサポートといった人とのつながりは，ストレスとの関連で，重要であるだけではありません。もう一つには，それが，ライフスタイルや行動，感情などに影響を与えるからです。アルバート・バンデューラ（Albert Bandura）の社会学習理論でもあるように，人は単に自分の経験からだけではなく，他者の行動を観察することやそれらの行動の利益から学びます。しかも，それは直接接触する他者だけではなく，ネットワークの影響力はかなり広範囲なようです。

　たとえば，ニコラス・A・クリスタキスら（Nicholas A Christakis et al. 2010）は，ネットワーク分析によって，肥満が友達に「伝染」する現象を発見しました。「友達」が肥満だと45％の人が肥満で，「友達の友達」なら25％，「友達の友達の友達」なら10％，それ以上でようやくほとんど影響がなくなります。これには3つの理由があって，1）友達が太ると太る，2）太っている人同士が友達になりやすい（類は友を呼ぶ），3）ほかの原因（たとえば，友達が一緒にスポーツをしているなど）が挙げられています。

彼らは，肥満だけでなく，禁煙，などの保健行動，さらには，幸福や不幸といったさまざまな感情でも同様なことを明らかにしています。そして，幸福と不幸では，幸福のほうが早く伝染することがわかりました。その理由は，ネガティブな感情は，表情や言動を通してよくないことを伝えるという情報の伝達が目的であるのに対して，ポジティブな感情はグループや集団のつながりを強化する目的であるからだとしています。つながることで，マイナスのことよりもプラスのことのほうが多いということを示しています。したがって，社会的に孤立することは，健康にもよくない影響を及ぼします。しかし，周囲のネットワークに期待して受け身でいると，受け身でいることがまた他者に伝染する可能性があり，少しでも健康や幸福を求めれば，それが友達から友達へと伝わり大きな影響をもつ可能性があるということです。

　このつながりやネットワークの力を健康生成論とSOCの視点からみると，ストレスのようなネガティブな感情をそのまま伝達するよりも，サポートを得てそれを乗り越えて成長の糧とした経験を共にポジティブに語りあうことが，健康を作り出していくように思われます。そして，それがまた互いのSOCを高めていくという好循環を生み出すということです。SOCを向上させる要因については，とくに青年期までの人生の質で，適度なストレスを乗り越えることだと言われています。そして，それは青年期までに完成されて，その後は変化しないものだとされていました。

　しかし，最近の研究では，年齢が高いほどSOCが高いという結果が報告されるようになりました（戸ヶ里ほか 2015）。これは，青年期を過ぎても，ストレスを乗り越えていくことで，SOCを高め健康を作り出す力の成長が可能であることを示しているということです。しかも，経験豊富な高齢者がそれを語り表現することが，周囲に伝わり，地域や集団の健康を作り出していく可能性を持っていることがわかります。

1.2 ヘルスリテラシーの多様な次元

1.2.1 ナットビームによる3つのレベルのヘルスリテラシー

 ヘルスリテラシーにおいて，ヘルスケアとヘルスプロモーションという2つの流れを見ましたが，それぞれで必要になる能力は，多次元的なものであると指摘されています。すなわち，ヘルスリテラシーには種類がある，あるいは，それはいくつかのリテラシーで構成されているという議論です（中山 2016）。まずは，基本となるのは，ナットビーム（2000）による3つのレベルのヘルスリテラシーです。さらに，ザーカドーラス（Christina Zarcadoolas）らは，ヘルスリテラシーを構成するリテラシーは4つであり，それは基本的リテラシー，科学的リテラシー，市民リテラシー，文化的リテラシーだとしました（Zarcadoolas et al. 2006）。

 ナットビームのものから，順番に見ていきましょう。基本的なものからより高度なものまで，次の3つがあるとしています。

 1）機能的ヘルスリテラシー
　　日常生活場面で役立つ読み書きの基本的能力をもとにしたもので，健康リスクや保健医療の利用に関する情報を理解できる能力。
 2）相互作用的（interactive）ヘルスリテラシー
　　より高度で，人とうまく関わる能力（ソーシャルスキル）を含んだもの。日々の活動に積極的に参加して，さまざまな形のコミュニケーションによって情報を入手したり意味を理解したりして，変化する環境に対しては新しい情報を適用できる能力。サポートが得られる環境において発揮できる個人の能力であり，知識をもとに自立して行動でき，とくに得られたアドバイスをもとに行動する意欲や自信を高められる能力である。ほとんどが集団のためでなく，個人のための能力である。
 3）批判的（critical）ヘルスリテラシー
　　情報を批判的に分析し，この情報を日常の出来事や状況をよりコントロールするために活用できる能力。健康を決定している社会経済的な要因

について知り，社会的政治的な活動ができる能力で，集団のための能力である。

　言い換えると，機能的ヘルスリテラシーが，情報を受ける，いわば受け身な立場でそれらの情報を理解できる能力です。相互作用的ヘルスリテラシーは周囲の人々とうまくコミュニケーションができることで，サポーティブな環境の中でうまく立ち回れる能力です。批判的ヘルスリテラシーは，周囲の人々や環境を変える必要があるときに，必要な情報をうまく活用し変えることができる能力と言えます。健康情報が理解できても，行動に移すためには周囲の協力が必要なこともあります。そのために，周囲の理解を求めて協力してもらえればいいですが，そうではないときには周囲を変えていかないと実現しないわけですから，3つのヘルスリテラシーが必要だということです。

　ナットビームは，批判的ヘルスリテラシーを提案する元となった批判的リテラシーの説明として，ブラジルの教育学者フレイレによる「批判的意識化」を紹介しています。フレイレは，「沈黙の文化」という，ブラジルの貧しい農村の人々が支配者によって抑圧され，文字を知らされず，否定的な自己像を植え付けられ，沈黙している文化を発見しました。その解決方法として生み出された「批判的意識化」は，人々が「沈黙の文化」の存在を意識し，自分たちが置かれている状況を客観的に自覚して，それを主体的に変えていくことです。それは，個人や集団が，不利な状況下におかれても，本来備わっている力を十分発揮できるように，環境を変える力を身に付けるという意味で，エンパワメントと呼ばれています。大切なことは，自分の問題を明確にし，どうしてそうなるのかの原因を知ることで，それを変えるべく社会的政治的な活動をするということです。

　「沈黙の文化」は，ブラジルの農村だけにあるわけでなく，日本でも，決して少なくはないように思えます。高齢者はどうでしょうか。年齢を理由に，十分な情報が提供されなかったり，意思決定に参加できなかったり，否定的な高齢者像を植え付けらたりすることはないでしょうか。なぜ，そのような状況に置かれているのかを意識化し，それを変えていくためには，声をあげて行動す

る方法を学ぶ必要があります。

1.2.2　ヘルスリテラシーの構成要素としての4つのリテラシー

　ザーカドーラスら（2006）は，ヘルスリテラシーの構成要素として，基本的リテラシー，科学的リテラシー，市民リテラシー，文化的リテラシーの4つを挙げました。

① 基本的リテラシー

　基本的リテラシーとは，読み書き能力とニュメラシーです。機能的なヘルスリテラシーと同じ内容になります。

② 科学的リテラシー

　科学的リテラシーは，科学の基本的知識，技術の理解の能力，科学の不確実性（将来のできごとを完全に予見できないこと）への理解を意味します。健康関連の用語あるいはエビデンスを理解するためには，からだについての知識など基礎的な生物学の知識や，治療やケアに伴う物理的化学的介入の基礎となる知識，食事や運動といったライフスタイルがリスクファクターであるという確率やリスク（絶対リスク，相対リスク，寄与リスクなど）についての知識が必要となるからです。

　科学が日常生活に密接に関係していることを知り，科学に対し積極的な関心や楽しさ，好奇心を持てるようになることが，科学的リテラシーを高めることにつながると思われます。科学をわかりやすく子どもたちに教える「科学コミュニケーション」という活動がありますが，健康関連でもこういった活動が望まれるところで，とくに幅広い年齢層に向けた活動も必要で，子どもたちと一緒に学ぶ世代間学習も効果的だと考えられます。

③ 市民リテラシー

　市民リテラシーは，市民が公的な問題を意識し，意思決定過程に参加する能力で，以下のような内容が含まれます。

- 新聞やテレビなどマスメディアの情報を理解・活用できる力（メディアリテラシー）
- 人々が政府や行政などと交渉したり話し合って政策を決めることについての知識
- 個人の健康に関する行動や選択が社会の人々の健康に影響することの認識

　市民リテラシーは，ヘルスプロモーションには欠かせないもので，とくに批判的ヘルスリテラシーを身につけるために不可欠なものです。年齢を問わず，健康に関連する市民活動や政策決定に参加することが求められます。

④ 文化的リテラシー

　文化的リテラシーは，健康情報を解釈し，それに基づいて行動するために，自分が所属している文化を認識した上で活用できる能力を意味します。つまり集団の信念，習慣，世界観，ある集団に自分が属しているという感覚（社会的アイデンティティ）を認識し，活用する能力です。

　たとえば，地域の慣習や迷信，流行などは，エビデンスと一致しているものもあれば，そうでないものもあります。他者とのコミュニケーションにおいて，あらゆる文化，階層，人種，年齢，ジェンダー，セクシュアリティ，民族，宗教の人に対して相手を尊重する能力，他の文化の人々にとっての健康的なライフスタイルの定義や健康に影響する文化の影響力などを理解できる能力が求められます。これは健康をめぐる文化的な多様性（ダイバーシティ）に敏感になり，それを受け入れ，学ぶことができる力を生涯にわたって身に付けていくことが必要でしょう。

1.3　高齢者のヘルスリテラシー

1.3.1　高齢者にとってのヘルスリテラシー

　高齢者はヘルスリテラシー不足の影響を強く受けやすいとされています。そ

1.3.2　高齢者の学習ジェロゴジー

　高齢者のための学習において，高齢者のヘルスリテラシーを考慮した学習をジェロゴジー（Gerogogy，同じ意味で Geragogy と書くことも）と呼ぶことがあります。加齢による認知，身体的な影響を補うようデザインされたもので，高齢の学習者の潜在能力をフルに生かすことを促進しようとするものです。その原則は，次にあげるものだと紹介されています（Speros 2009）。かなり具体的で細かいですが，すべて挙げておきます。

- 高齢者にアプローチするときは，尊敬と受容とサポートの気持ちをはっきりとあらわすこと。それによって，本人が理解していることとしていないことがよくわかるような学習環境をつくる。
- 教える時間は午前中の元気なうちにすること。それぞれの日に短く教える時間をつくるほうが長い時間かけて疲れさせるよりは適切である
- 新しい情報に入るときは，一つひとつの概念や短く情報を提供するたびに休んで時間をとること。先に進む前にティーチバックを使って理解を確認すること。
- 新しい知識やスキルは，はっきりと確認できる過去の経験とリンクさせること。思い出を語ることは，高齢者の体験と再びつながるため，学びを促すのに役に立つ。
- 高齢者の日常生活，社会構造（人間関係，役割，規範），身体機能と実際に関係のある内容にすること。安全と自立の維持を強調すること。高齢者は，「問題がすぐに解決する方法だと思える内容」を学ぶ意欲がある。
- 高齢者と接している間は集中ができるように，気が散ることは最小限にして，伝えることをいくつかの（5つ以下）不可欠な要点に限定して，関係のない情報は避けること。
- ゆっくり話すこと，ただし遅すぎて気が散ったり飽きたりしないようにすること。話すときは相手と対面して同じ高さで座ること。
- はっきりと簡潔に話し，高齢者がよく知っている言葉を使うこと。高齢者世代の習慣，信念，価値観に敏感になり尊重すること。

- 教える要点を強化するために資料を提供すること。文章は読みやすく（5年生以下），大きな活字（14～16ポイントのフォント）で活字と紙の色のコントラストをはっきりさせること（白か明るいクリーム色の光沢のない紙に黒い活字が望ましい）。要点は箇条書きかリスト形式にすること。ウェブサイトについては，いくつものガイドへのリンクをつけること。

- 高齢者をポジティブに表すような視覚的な資料を使い，高齢者のライフスタイルの実践とは関連のないステレオタイプな漫画や場面は避けること。視覚的に学習するには，シンプルな線画，絵文字，フォトノベラ（写真を使った読み物）が，口頭での説明の補助として効果的である。

- 家の中でよく見る場所，たとえば電話のそば，ベッドサイドテーブル，冷蔵庫に文字の情報で置いておいて，しょっちゅう触れることができるようにすすめること。『Age Pages』という国立老化研究所が作成したものが，高齢者に教えるときの効果的な方法を知るのに役に立つ。

- 具体的な言葉で，明確な指示を与えること。「食事中のカルシウムを増やす」というよりは，カルシウムの多い食品を挙げて，それを1日何回食べればいいのかを示すこと。

- 高齢者に教えている間に参加を促すこと。説明するよりも，新しいスキルや方法をデモンストレーションして，一緒に実践してもらうこと。

- 新しい情報や学習目標は，思い出せるように家の中でのきっかけや日課と関連付けること。学んだ行動は定期的に，たとえば，歯を磨いたり，好きなテレビを見たり，犬の散歩の後，そのたびに実行するように勧めること

- 要点を教えている間中，繰り返し新しい情報を自分の言葉で言い換えてもらうこと。高齢者が，精神的に情報を処理しやすく思い出しやすいように教えている間中，ずっと使う言葉を選ぶこと

- 教えている間に，家族や信頼できる友人を同席させて，活発に参加してもらうよう勧めるべきであること。本人の許可があれば，教育に重要な他者を巻き込むことは，高齢者のヘルスリテラシーの向上に効果的な方

れはとくに，ヘルスケアの流れにおいて，機能的なヘルスリテラシーの点から指摘されてきました。慢性疾患をもつ割合が高くなり，その自己管理は，認知的にも身体的にも変化するために難しいものとなります。慢性疾患があると治療やケアにおける選択肢を選ぶ意思決定を迫られる機会も増えますが，それがますます難しくなります。欧米の研究では，ヘルスリテラシーが低いと，入院率が高い，予防サービスを利用しない，服薬の知識がない，死亡率が高い，慢性疾患を管理できない，医療機関を利用しやすく，慢性疾患に罹患しやすいなどと指摘されています。

2003年のアメリカの全国調査（U.S. Dept. of Education 2006）において，65歳以上では，十分なヘルスリテラシーがある割合は3％と最も低く（全体では12％），基礎レベル未満の割合は29％で，16～49歳の10～11％，50～64歳の13％の倍以上になっていました。そして，60歳以上の71％が，印刷された文章を読むこと，80％が記入用紙や図のような文書を用いること，68％が，数字を解釈したり計算したりすることが難しかったという経験をしていました。

加齢によって起こる変化が，ヘルスリテラシーにどのように影響するのでしょうか。加齢によるヘルスリテラシーへの影響には，身体的影響，認知の影響，心理的な影響があります。ここでは，そのうちの認知の変化と，心理的な変化の影響について，スペロス（Speros 2009）がまとめた内容から紹介します。

認知の変化については，流動性知能，すなわち新しい場面への適応に必要な能力で，推論する力，思考力，暗記力，計算力，集中力などの低下です。そのため，高齢者は新しい情報を学ぶのに時間がかかります。新しいことをやってみるように急かすと，失敗しないか恥をかかないかと不安でやる気がなくなることになります。そのために，高齢者のペースでゆっくり行うことが必要になります。さらに，作業記憶の低下で，すなわち一定の時間に多くの情報を処理する能力が低くなります。一度に多くの情報を処理することが難しくなるので，少しずつに分けて行うことが必要になります。分けて教えるので，前に学んだことを振り返りながら時間をかけて進めていく必要があります。

さらに，抽象的な概念の理解が難しくなります。たとえば，漠然とした言葉として「十分に」「よく」などというよりは，具体的に回数や時間などを教え

たほうがよいということです。また，何かをしないようにというネガティブな表現ではなく，何かをするようにというポジティブな表現を使うこともよいとされています。

　心理的な変化については，特に，うつは高齢者によくある問題で，学習を受け入れるかどうかに影響します。高齢者は家族や友人，経済的な基盤，役割などの喪失を多く経験するため，自尊感情の低下や，うつなどを経験することがあります。それらは学習意欲を低下させます。それまでに積み上げてきた業績や能力に注目することで，自尊感情を高める必要があります。教育や学習での過去の失敗経験も影響します。過去の学習での成功に目を向けて，自信をもって新しい行動に取り組めるようにすることです。

　高齢者にとって社会的な受け入れは，社会が年を取ることをどうとらえているかに影響を受けています。高齢者がネガティブな存在としてとらえられていて，受け入れられていないと感じると，孤立感が生じてしまいます。このことはヘルスリテラシーの獲得意欲に影響を及ぼすため，年を取ることがポジティブなこととして受け入れていることが求められるでしょう。病気になったときの危機への適応が関連します。現実に直面できなければ，不安で学習できないため，病気への受容が始まることが必要です。高齢者が今は何をどう学びたいかを確認することが求められます。

　学習することが，高齢者にとってどれだけ価値や意味があるかが大切です。高齢者は，自分の生活に関係があると思うと新しい情報を学ぼうとします。また，高齢者にとって自立できているかどうかは重要なことで，それが自尊感情やプライドに結びついています。健康の自己管理が自立に結びついて捉えられることが必要だと考えられます。

　また，学習の意欲には，それまでの生活経験との関連性が左右します。人が生涯に渡って獲得してきた知識は，問題解決に役立つかどうか認識されています。人生経験が新しい知識やスキルとどう関連しているかを明確にすることで，過去の人生経験と結び付けて活用することです。身近な人で同じ病気を経験した人の体験談を尋ねて，それの良い点や修正点などを活用する方法があります。

法である．友人や家族は代理の読者にもなるし，臨床場面で提供された情報を強化し，誤解されていたかもしれない情報を家に帰ったときに明確にしてくれる．

ここで挙げてあることを見ると，高齢者中心，学習者中心であることがよくわかります．過去の歴史の上に成り立ってきている生活を中心に，そこにあるつながりなど築いてきた資源を活用することが求められています．

1.3.3 高齢者のインターネット利用とヘルスリテラシー

多くの高齢者は，大事なことは医師が決定するという文化で育っていますが，次第に情報を得て自分で決めたいという方向に移行してきていると思われます．日本の調査では，比較的重い病気の治療方針の決定に際して，医師の説明を聞いたうえで決めることを望む人は，30歳代から50歳代は8～9割で，60歳代で7割，70歳以上でも6割となっています（日本医師会総合政策研究機構 2014）．アメリカでも，特にベビーブーム世代は，自分の健康も自分でコントロールしたいと望んでいるといいます（Centers for Disease Control and Prevention 2009）．そのため，高齢者も健康情報を入手するためにインターネットを使うようになってきています．しかし，ネットの専門用語や医療用語の問題もあり，ネット検索で質の高い情報にアクセスできるのは困難を伴う可能性があります．

それでも，インターネットを使っている人のほうがヘルスリテラシーの能力を維持することができたというイギリスの高齢者の研究があります（Kobayashi et al. 2015）．インターネット利用とともにさまざまな社会活動，特に文化的な活動に参加する人のほうが維持できていました．ヘルスリテラシーは加齢とともに低下するものの，いろいろなチャンネルで社会参加することに意味があるようです．

ただし，ヘルスリテラシーも測定方法によっては結果が異なる可能性があります．確かに健康関連用語の理解などで測定する機能的なヘルスリテラシーは，認知能力の低下と関連するためか，年齢とともに低下するという研究が多く報告されています．しかし，ヨーロッパ8ヵ国で行われた，より包括的なヘルス

リテラシーの尺度（冒頭に紹介したヘルスリテラシーの定義に基づいて作成されています）による測定では，オランダにおいて，年齢とともにそれが上昇する結果でした（HLS-EU Consortium 2012）。その尺度を翻訳して日本で実施した筆者らの調査でも同様で20～69歳の対象者の中では，60歳代がもっとも高い結果でしたし（Nakayama et al. 2015），その尺度の短縮版を用いたドイツでも同様の結果でした（Tiller et al. 2015）。

　このヨーロッパで開発された尺度は，自己の健康関連の幅広い能力を自己評価するものですので，高齢者が健康問題に直面して解決してきた自信などが含まれている可能性があります。また，日本の調査では，社会調査会社のWebによるモニター調査のため，インターネットの利用者を対象としていたため，高齢者のほうが効率的に健康に関する情報を調べられるからかもしれません。今後，高齢者のヘルスリテラシーの研究をさらに進めていく必要があります。

1.3.4　高齢者のヘルスリテラシーへの介入

　高齢化社会におけるヘルスリテラシーへの介入研究として，ヨーロッパにおける高齢者のヘルスリテラシーの向上のためのプロジェクトIROHLA（Intervention Research On Health Literacy among Ageing population）を紹介します。現在進行中のプログラムやプロジェクトをストックして，広く普及させることを目的としたものです。20の介入を紹介し，高齢者のヘルスリテラシーの幅広いニーズに対応できる包括的アプローチを目指しています。地域や国が取り組む政策のためのエビデンスベーストなガイドラインに加わるものです。高齢者，アカデミア，全レベルの行政，ビジネス界，その他のステークホルダーの代表に参加してもらい，介入の実現可能性，利用しやすさ，有効性を保証するとしています。

　20の介入については，幅広い領域をカバーしていますが，ほとんどは，情報の提供，スキルトレーニング，行動変容に焦点が当てられています。これらの介入を見渡すことで，ヘルスリテラシーに取り組むうえで必要なことが明確になってくるとしています。選んだ介入は，ヘルスリテラシーを向上させるために人々の意思決定の能力を高めたり，簡単な解決方法や情報を提供したりする

ものです。それらは，個々人だけでなく，パートナー，家族，仲間，コミュニティや社会，さらに保健医療の専門職や介入の提供者，ヘルスシステムをもターゲットにした，包括的なアプローチをとるとしています。

　これらの介入を，次の5つのグループに分類しています。その分類は，背景にある変化のための理論を理解し，介入の効果を明確にするためです。

① コミュニケーション

　保健医療の専門職と患者の相互作用を対象として，どちらの行動変容も同時に実現しようとするもの。患者中心であること，シェアードディシジョンメイキング（患者と医療者が情報と価値観を共有して一緒に意思決定すること），セルフマネジメントの向上に取り組むものです。

② エンパワメント

　ヘルスリテラシーが低い人々に自信をもってもらうための介入。問題の分析や問題解決のスキル，積極的なネットワークづくり，社会参加，学習能力を向上させるもの。いかに情報の提供やスキルの向上によって行動は変えられるかを明らかにするものです。

③ コミュニティ

　ヘルスリテラシーが低い人を含めてコミュニティを動員して，仲間，家族，コミュニティメンバーの問題解決能力を活用する介入。コミュニティに根差したコースやトレーニングや，高齢者のための組織や権利擁護団体，ピアグループ，ボランティア，家庭訪問員のようなネットワーク作りやピアサポートが含まれます。

④ 専門職の能力

　保健医療専門職のコミュニケーションスキルや，低いヘルスリテラシーの人々の経験に対する共感と理解を向上させる介入。これも持続可能にするには行動変容が重要であり，継続させるには多職種の協働による相互援助が必要で

す。

⑤ 障害の除去

　ヘルスサービスの利用を促進する介入で，手続きやコミュニケーションの簡素化，アクセスしやすいサイト，交通やバウチャー制度といった移動手段や組織に関する介入。ヘルスケアや予防プログラムへのアクセスのしやすさは，ヘルスリテラシーの低い高齢者にとっては健康を維持するためには重要な問題です。

　20ある介入のうち，まず，日本でも知られているプログラムを紹介します。分類としては，コミュニティに入るもので，慢性疾患セルフマネジメントプログラム（Chronic Disease Self-Management Program：CDSMP）と呼ばれるものです。ピア（仲間）によって運営されるプログラムで，慢性疾患を持つ人々が，疼痛管理，栄養，運動，服薬，感情，医師とのコミュニケーションなどについて学びあいます。トレーニングを受けたファシリテーターによって，週1回のワークショップを6週にわたって，行います。そこでは，みんなが参加し，相互に支えあうことで，自分の健康や生活を管理できる自信を身に付けていくことができます。

　もう1つは「Ask Me 3」という，患者が医療者に次の3つの質問をしようというものです。

・私の一番の問題はなんですか？　（What is my main problem?）

・私は何をする必要がありますか？　（What do I need to do?）

・それをすることが私にとってなぜ重要なのですか？　（Why is it important for me to do this?）

　このようにコミュニケーションを重視したプログラムは多く，それらを紹介するキーワードとして，個々人に合わせたテーラーメイドアプローチ，ヘルスコーチ，家庭訪問，アウトリーチ，時間や空間を選ばないテレヘルス（遠隔医療，遠隔ケア），eヘルス，eラーニング，高齢者の価値観や力を重視した，患者中心，高齢者の声，エンパワメント，健康教育，協調学習，生涯教育，ヘル

スプロモーション，人とのつながりを重視した，コミュニティコラボレーション，信頼形成，ネットワーク，オーガニゼーション，パートナーシップ，ソーシャルインクルージョン（社会的包摂），ソーシャルサポート，ボランティア，参加，世代間学習，健康カフェなどが紹介されています。

このプロジェクトでは，高齢者のヘルスリテラシーを考える場合，未来の健康のための生涯の学び，人生を見通す力，すなわち高齢者になることを見通す力も意識されているように思います。ヘルスリテラシーがライフコースとともに意識化され，さまざまな健康問題に直面しながら，人とのつながりや絆を作りながら，みんなで成長させられることが可能になるような活動を展開してきたいものです。

参考文献

アーロン・アントノフスキー，山崎喜比古・吉井清子訳（2001）『健康の謎を解く――ストレス対処と健康保持のメカニズム』有信堂高文社。

Centers for Disease Control and Prevention (2009) "Improving Health Literacy for Older Adults: Expert Panel Report 2009," Atlanta: U.S. Department of Health and Human Services

Crawford, R. (1977) "You are dangerous to your health: the ideology and politics of victim blaming," *Int J Health Serv*, 7(4): 663-80.

Crawford, R. (1980) "Healthism and the medicalization of everyday life," *Int J Health Serv*, 10(3): 365-88.

ニコラス・A・クリスタキス，ジェイムズ・H・ファウラー／鬼澤忍訳（2010）『つながり――社会的ネットワークの驚くべき力』講談社。

HLS-EU Consortium (2012) "Comparative Report of Health Literacy in Eight EU Member States. The European Health Literacy Survey HLS-EU." http://www.healthliteracy.eu

Holt-Lunstad, J., Smith, T. B., Layton, J. B. (2010) "Social Relationships and Mortality Risk: A Meta-analytic Review," *PLoS Med* 7(7): e1000316.

イチロー・カワチ，S. V. スブラマニアン，D. キム編／藤澤由和・高尾総司・濱野強訳（2008）『ソーシャルキャピタルと健康』日本評論社。

Kickbusch, I. and Maag, D. (2008) "Health Literacy. In: Kris Heggenhougen and

Stella Quah, editors International Encyclopedia of Public Health", Vol 3. San Diego: Academic Press; pp. 204-211

Kobayashi, L. C., Wardle, J., von Wagner, C. (2015) "Internet use, social engagement and health literacy decline during ageing in a longitudinal cohort of older English adults," *J Epidemiol Community Health*, 69(3): 278-83.

Nakayama, K., Osaka, W., Togari, T., Ishikawa, H., Yonekura, Y., Sekido, A., Matsumoto, M. (2015) "Comprehensive health literacy in Japan is lower than in Europe: a validated Japanese-language assessment of health literacy," *BMC Public Health*; 15: 505.

中山和弘（2016）「ヘルスリテラシーとは」『ヘルスリテラシー──新しい健康教育のキーワード』大修館書店，1-22。

中山和弘（2014）「ヘルスリテラシーとヘルスプロモーション，健康教育，社会的決定要因」『日本健康教育学会誌』22(1): 76-87。

Nutbeam, D. (2000) "Health literacy as a public health goal: a challenge for contemporary health education and communication strategies into the 21st century," *Health Promot Int*, 15(3): 259-267。

Nutbeam, D. (2008) "The evolving concept of health literacy."*Soc Sci Med*, 67(12): 2072-8.

日本医師会総合政策研究機構（2014）「第5回　日本の医療に関する意識調査」『日医総研ワーキングペーパー』

Sørensen, K., Van den Broucke, S., Fullam, J., Doyle, G., Pelikan, J., Slonska, Z., Brand, H. (2012) (HLS-EU) Consortium "Health Literacy Project European. Health literacy and public health: a systematic review and integration of definitions and models," *BMC Public Health*, 12: 80.

Speros, C. I. (2009) "More than Words: Promoting Health Literacy in Older Adults," *OJIN: The Online Journal of Issues in Nursing*, 14(3) Manuscript 5.

Tiller, D., Herzog, B., Kluttig, A., Haerting, J. (2015) "Health literacy in an urban elderly East-German population-results from the population-based CARLA study," *BMC Public Health*, 15: 883.

特定非営利活動法人日本慢性疾患セルフマネジメント協会
http://www.j-cdsm.org/

戸ヶ里泰典・山崎喜比古・中山和弘・横山由香里・米倉佑貴・竹内朋子（2015）「13項目7件法 sense of coherence スケール日本語版の基準値の算出」『日本公衆衛

生雑誌』62(5): 232-237。

Umberson, D. and Montez, J. K. (2010). "Social Relationships and Health: A Flashpoint for Health Policy," *Journal of Health and Social Behavior*, 51(Suppl), S54–S66.
http://doi.org/10.1177/0022146510383501

U.S. Department of Education, National Center for Education Statistics. (2006) "The Health Literacy of America's Adults: Results From the 2003 National Assessment of Adult Literacy."
http://nces.ed.gov/pubs2006/2006483_1.pdf

U.S. Department of Health & Human Services (2007) "Quick Guide to Health Literacy and Older Adults: Strengths of Older Adults."
http://www.health.gov/communication/literacy/olderadults/strengths.htm

WHO欧州地域事務局（WHO健康都市研究協力センター，日本健康都市学会訳）(2003)『健康の社会的決定要因——確かな事実の探求第2版』
http://www.tmd.ac.jp/med/hlth/whocc/pdf/solidfacts2nd.pdf

Zarcadoolas, C., Pleasant, A. F., Greer, D. S. (2006) *Advancing Health Literacy: A Framework for Understanding and Action*, San Francisco, CA: JOSSEY BASS

第 2 章
住まいとコミュニティ

水村容子

2.1 文化としての住まいと住まい方

2.1.1 創造の場としての住まい

　中学生時代に読んだ和辻哲郎の『風土』の中にある「気候や風土が人の風貌やさらには精神までも作り上げる」という記述がずっと心に残ってきました。今やグローバリゼーションが世界を圧巻していますが，住まいや住まい方は，実際には「風土」的なそれぞれの地域に根ざしたものです。私たち日本人にとって一枚岩に見える欧米諸国であっても，それぞれの国のライフスタイルや生活習慣はかなり異なります。また，中国・韓国など近隣諸国と比較しても，日本の生活様式の独自性は高いものがあります。1つの国の中でも，北から南，都市と地方，山間部と海辺との間に非常に多様な住まい方が展開しています。住まいそして住まい方とは地球規模での画一化が図れないとても豊かな営みです。それは地域さらにはそれぞれ家族の文化に根ざした，非常に創造的な環境の場と行為であると考えます。

　私自身は建築学科ではなく住居学科で専門教育を受けました。住居学は建築学と比較すると戦後に作り出された新しい学問領域であり，建築物というハードな環境計画に対して，まずはその内部で展開する人々の生活，そのあり方に目を向けよというコンセプトのもと教育が展開されました。その創設に影響を及ぼした研究者として，今和次郎と西山夘三が挙げられます。

　早稲田大学建築学科の教授であった今和次郎は，住まいに限らず庶民の生活の様子をつぶさに観察・記録し，現在の生活を解き明かそうとする学問として

「考現学」を提唱しました。彼のさまざまな著書には，戦前から戦後にかけての日本人の個性的で豊かな生活が描かれています。また，戦前は住宅営団で技師をつとめ，戦後京都大学建築学科で教鞭をとった西山夘三は，戦中戦後を通じて，庶民の生活実態を詳細に調査し，日本のバリエーションに富んだ住宅様式の中から，戦後という新しい時代に求められる住宅の姿を導き出した研究者でした。特に「食寝分離」という住宅計画の基礎的理論は彼によって導かれたものです。この両者の著書・資料には，イラストなどを用いて莫大な量の生活の記録が残されていますが，当時の日本の住まいや住まい方が，それぞれの地域性や家族の生業に応じた多様なものであったことが読み取れます。画一化されない豊かな生活が展開しており，子どもを生み育てることや高齢者の生活を守ること，生業に応じた生産の過程など，創造的な営みが住まいの中で行われていた時代であったことが理解できます。

　彼らは，生活や住まい方の分析から，住宅というハードな環境の計画手法を導き出した研究者でした。特に西山が案出した，公共住宅の供給手法は，その後高度経済成長期を迎えた日本の住宅大量供給に影響を及ぼしていきますが，その過程の中で，私たちの社会では，地域に根ざした多様な住生活・住文化が失われていくことになります。

2.1.2　産業化により失われた住文化

　今や西山と同時代の研究者として，吉武泰水や鈴木成文という研究者も，日本の戦後の住まいに大きな影響を及ぼしました。両者とも東京大学建築学科の建築計画学講座の教員でした。戦後復興の途上にあった1951（昭和26）年，彼らは新しい住まいそして住まい方の提案を行います。その提案とは，公営住宅51C型公営住宅プランと呼ばれる集合住宅の住戸プランです。貧しさの残る人々の住宅事情に対して，限られた面積で最大限の合理的かつ近代的な住まい方の実現を目指した画期的な試みであり，私自身，日本の住宅史の金字塔であると考えています。住宅平面を図2-1に示しますが，現在ではいずれの住宅にもある，台所と食事室が一体となったダイニングキッチンが日本で初めて導入されたのがこの住宅です。それ以外にも，個人の私室と家族の公的空間が分

離されることにより食寝分離・就寝分離（性別ごと，あるいは年代ごとに寝室を分離すること）が実現され，さらにはシンクと洗面所に面して衛生的なバルコニーが設けられるなど，近代家族のために合理的かつ清潔な住まい方が凝縮されたのが，この51C型というプランでした。そして，このプランは後に家族の団欒の空間が付加されたLDK（リビング・ダイニング・キッチン）へと発展し，高度経済成長期以降日本の住宅のプロトタイプとなったnLDK（nには個室の数が入ります）へとつながりました。

しかし，この見解に異を唱えた人がいます。51C型を提唱した鈴木成文氏，その人です。彼は，高度経済成長期以降の，経済効率のみを追求する住宅市場への批判も込めて次のような言葉を残しています。

> 51Cについて。世間では俗にnLDKのもとは51Cだといわれるが，建築系の若い方が戦後復興も高度経済成長も住宅の商品化も知らずに，近代建築批判の引き合いに51Cを出すことに対してはいくらでも論断できる。

> しかし，与件を徹底的に疑ってかかり現実をありのままに見るという社会学者にまでそのようにいわれるのには，少々考えさせられた。果たして自分自身の目でありのままに見ているのだろうかとも疑うが，たしかにモノとしての住宅が，高輪アパートから見れば49A・B・C，51C，2DK，2LDK・3LDKからnLDKと推移している経緯からnLDKのもとが51Cだといえないこともない。しかしそうであれば，49Cも高輪アパートもさらにその前の「応急越冬住宅」もnLDKのもとであるといっていいわけである。

> しかし，社会背景から見たそのときの計画の理念はまるで違う。戦後の焼跡の復興に始まり，とにかく不燃・積層の集合住宅を建てようとした。そして戦前の続き間住宅を移植したプランに対して，生活の秩序化・合理化を考え，次いで洋風化が進み，2DKになり，家具が増えてリビングが発生し，高度経済成長に伴って商品化住宅になっていく。それらそれぞれの計画の意図や志はおそらく正反対を向いているのである。（中略）

> 社会がどのような方向へ流れていくのか，その方向が望ましい姿なのかどうか，それを真剣に考えなくてはいけない。あるべき姿，目標像を立て，

図 2-1　51C 型公営住宅プラン

それに向かって住み手を引っ張り，誘導していかなくてはならない。それが 51C をつくった理念であり，建築計画というものである。目標像をしっかり立てるために，調査を行い，歴史を学び，環境を考えるのだ。

(鈴木ほか 2004: 26-27)

彼のこの言葉通り，豊かに成長した日本では，住宅は画一化・商品化され，さらには私有財産としての価値を強め，その裏返しとして，多様な地域やそれぞれの家庭に根ざした住文化が失われていったのです。

2.1.3　住文化の復活に向けて

私たちの社会は現在，超高齢や少子化，非婚や晩婚化などの現象に直面する状況において，家族の多様化という現象が生じています。前述の住宅が画一化された商品としての性格を強めた時期，すなわち高度経済成長期から 1990 年代のバブル崩壊の時期は，日本の標準家族は，両親と子供によって構成される「核家族」で説明できました。すなわち，この時期は LDK と子供の数＋ 1 室（両親の寝室）という構成で住宅をつくれば，売り手がつく時代であったわけです。しかし現在では，結婚しない人，子どもをもたないことを選択するカップル，単身の高齢者，経済的な理由から他人との共同生活を選択する人など，

第Ⅰ部　超高齢社会における学習課題

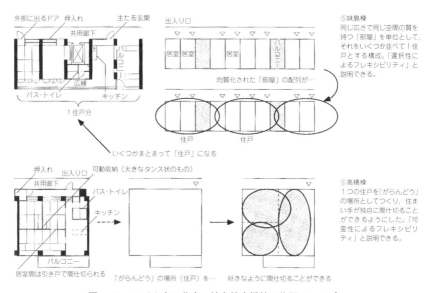

図2-2　ハイタウン北方・妹島棟高橋棟の住戸コンセプト
（出典）日本建築学会住宅小委員会（2004）。

多様な世帯構成が登場しています。このような世帯・家族は当然ながら，核家族を想定したnLDK住宅を上手く住みこなすことが難しくなります。そのような社会背景の中，多くの建築家が新しい家族形態への住まい方を提案しています。

たとえば，公的集合住宅である「岐阜県営住宅ハイタウン北方」では，女性建築家の妹島和代と高橋晶子によって，住み手の家族構成やライフスタイルに応じて平面がフレキシブルに変更できる住戸が提案されています。彼女たちの提案した代表的なプランは図2-2に示した通りです。妹島案は，均質化された「部屋」のスケールを単位として考え，それをいくつか並べて一つの「住戸」を構成する「選択性によるフレキシビリティー」としての提案でした。一方，高橋案は，住戸内に固定化された間仕切りは設けず，引き戸や可動収納を用いることによって住み手が独自に空間を構成できる「可変性によるフレキシビリティー」による提案でした。いずれも多様化した家族がその住要求に応じた住まいを実現するための手法を提案したものでした。

第2章　住まいとコミュニティ

写真2-1　住民によるDIYのリノベーションで住戸のインテリアが設えらたロイヤルアネックス

　さらには，複数の単身者が同じ住まいに暮らすシェアハウスや多様な世帯が同じ集合住宅に暮らし生活行為の一部を支え合うコレクティヴハウジングなどが登場し，血縁を超えた者同士が生活行為を共にする場面も登場しています。
　また，人口減少などの社会変化に伴い，住宅のプランや住み方のみならず私たちの「住宅への価値観」も変容を遂げつつあります。戦後日本の住宅政策は「持ち家政策」を中心に展開してきました。この政策は，国民の勤労意欲を煽り経済の活性化をもたらしたと同時に，多くの人々が自分自身の「家」を所有する喜びを味わうことができました。しかしかつての核家族の住まいは，現在ではその多くが高齢者の一人暮らしの場，さらには空き家となっています。自宅を所有しそこに愛着や執着が芽生えているがゆえに，住み替えられないあるいは住み替えられないまま所有者が他界し，住まい手が不在という状況が蔓延しているのです。そのような状況の中で，住宅は所有せず，賃貸住宅を自分たちの望む空間に設え暮らすDIYの賃貸住宅が登場しています。東京の池袋にある「ロイヤルアネックス」という集合住宅では，大家と住民の協働のもとリノベーションにより個性的な住まいづくりがなされ，その結果そこに暮らす

人々が住まいに強い愛着を覚えると同時に，結びつきの強い住民コミュニティが形成されています。

この節で紹介した事例を見ると，現在はこれまでの価値観にとらわれることなく新しい住文化を再構築するその節目にあるのではないかと感じます。新しい住まいの価値観は，私たちの生活の中から生み出されていくのです。

2.2 住まいを通じてコミュニティとつながる

2.2.1 ゲマインシャフトとゲゼルフシャフト

「ゲマインシャフト」と「ゲゼフルシャフト」という概念は，19世紀半ばから20世紀初頭を生きたドイツの社会学者テンニースによって提唱された概念です。「ゲマインシャフト」とは日本語で「共同社会・共同体」と訳されますが，家族・友人・仲間・近隣などのような自然発生的かつ有機的な人間の集団を意味します。英語の「コミュニティ」にも該当します。一方，「ゲゼルフシャフト」は，「利益社会」と訳され，法律や社会規範，経済活動によって成立する近代的な人間の集団です。この概念は，ドイツ人のテンニースがドイツの社会事情を観察しドイツ語でその状況を思索した中から生まれたものではありますが，現在では一部の地域を除くと，地球上のほとんど地域・社会は，この概念により説明することが可能です。人間社会をユニバーサルに捉えた概念と言えるでしょう。

もうおわかりだと思いますが，「ゲマインシャフト」が原始から人間社会に存在した集団であるのに対し，「ゲゼルフシャフト」は18世紀の近代成立以降に成立した集団です。また，「ゲゼルフシャフト」は社会全体の政治的・経済的な持続可能性を支持する集団であるのに対し，「ゲマインシャフト」は地域社会の持続可能性を維持するのに必要不可欠な存在です。そして現代社会は，住宅地形成やまちづくりの場面において「ゲマインシャフト」すなわち英語の「コミュニティ」に該当する近隣の形成が重視されてきましたが，その一方，企業など利潤追求集団すなわち「ゲゼルフシャフト」が社会的に優位な時代と説明できます。その結果，必要性が認められながらも，近隣での結びつきが弱

まってきてしまった時代でもあるのです。そして「ゲマインシャフト」が弱体化した結果，さまざまなひずみが社会に出現しています。特に近隣での支え合いの喪失は大きな問題をはらんでいます。

2.2.2　共助という考え方とその必要性

「ゲマインシャフ」に通ずる概念として，日本には「共助（あるいは「互助」）」という考え方が存在します。私がこの言葉を初めて意識したのは，日本の政府（内閣府）が2006年3月に発表した「災害時要援護者避難支援ガイドライン」においてでした。ガイドラインは，冒頭「要援護者の避難支援は自助・地域（近隣）の共助を基本とし」という表現で始まっていましたが，この考え方は，1995年に神戸で発生した阪神淡路大震災の際，行政や消防の職員は地域内の被災対策に追われ個人の救助にまで手が届かなかったのに対し，近隣の人々の助け合いにより，多くの高齢者・障害者・外国人が被災を免れたという経験に基づいたものです。その後，助け合いや支え合いのあり方について「自助‐共助‐公助」というパラダイムが用いられるようになりました。読んで字のごとくではありますが，「自助」とは平時からの自分自身の備えを，「共助」は近隣住民同士の支え合いを，「公助」は行政機関などからの公的な支援を意味します。その後，このパラダイムは福祉施策などにも取り入れられるようになります。

残念ながらその後発生した大規模自然災害，中越大震災や東日本大震災，広島の風水害などにおいて，犠牲者の多くは高齢者や障害者で占められています。しかし，多くの報道を見ていると，避難支援の手が届かず被災するというケースよりも，支援者もろとも自然の猛威に飲み込まれるケースの方が多いという印象を私は受けます。少しずつではありますが，災害への備えを契機として近隣が結びつき支え合う機運が芽生えているのではないでしょうか。そして，この「共助」という支え合いのあり方は，災害時のみならずさまざまな問題が発生している日本の地域を救う上で非常に重要なキーワードとなっているのです。

英語に vulnerable（ブルネラブル）という言葉があります。日本語では「弱い，脆弱な」という訳が当てられますが，住宅に関する英語文献を読んでいる

と「vulnerable household」という表現をよく目にします。一人暮らしの高齢者，母子世帯，地域で一人で生活する障害者，要介護高齢者世帯などが該当します。なんとか居住継続が図られていると同時に社会的な支援の手も届いているが，生活のバランスが一旦崩れると住まいでの居住継続が困難な，そのような脆弱性をもった世帯という意味です。

現代という時代そして近代国家からの恩恵は素晴らしいもので，深刻な困難に直面している人々を無視せず，必ず公的な支援の手を差し伸べる制度が用意されています。しかし，公的な支援は何から何まで対応してくれるものではありません。Vulnerableと位置づけられる人たちは，綱渡りのように日々を送っていることがほとんどです。しかし，近隣の人からの支援の手や見守りの目があることによって，安定し安心した毎日が送れるようになるのです。阪神淡路大震災が良い事例です。さまざまな困難に直面する時代ほど，「共助」の必要性が強まる時代はありません。そして，現在の日本社会は「共助」が必要不可欠な時代に突入しているのです。

2.3 持続可能な北欧の住まいと住まい方

私はこれまで北欧のスウェーデンという国において，住まいや地域コミュニティに関わる調査研究を実施してきました。日本の現状と照らし合わせた場合，大変参考になる概念・仕組み・試みのある社会です。この節では，スウェーデンの住宅や住宅政策を通じて，持続可能な住まいのあり方を考えたいと思います。

2.3.1 少子化対策としての住宅政策

スウェーデンにおいて，現在の住宅政策の基礎が固められたのは1930年代のことでした。1932年にこの国の福祉国家構築に貢献した社会民主労働者党（以下，社民党）の第2代党首ハンソンが政権をとり，その後40年以上にわたる社民党政権が始動します。ハンソンは政権獲得に先立つ1928年に「国民の家」という施策方針を発表しました。その内容は，当時ヨーロッパで1・2を争う貧

困,そして人口流出や少子化に苦しんでいた国民に対して,「すべての国民の生活の質の向上,良質な住宅の供給」を目指すとした政治公約でした。

ハンソン内閣には優秀なブレーンが存在しました。後に夫婦でノーベル賞を受賞することになる,グンナー・ミュルダールとアルバー・ミュルダール夫妻です。夫婦は,当時の国内の人口動態や人々の生活をつぶさに調査し『人口問題の危機』という書を著しました。その中で「スウェーデンは貧困国であるにもかかわらず,人口を同じ規模維持するだけの出生率が保てていない。それは,住宅の不足および住宅の劣悪な環境に起因するものである」と指摘し,児童福祉施策と住宅政策の重要性を訴えました。ハンソンは彼らの指摘を受けて1933年,政府内に社会住宅委員会を設置し,住宅政策の方針を検討します。この委員会では,当時の住宅事情をさまざまな観点から分析すると同時に政策方針の検討を重ね,1945年および1947年に報告書を作成しその役割を終わらせました。国会ではその報告書をもとに住宅政策方針に関する議論が重ねられ,以下のような方針が打ち出されました。

写真2-2
社会民主党2代党首
ペール・アルビン・ハンソン

「住宅市場は自由市場原理に則ってはならない」

「住宅市場および住宅生産の健全化のために公的介入は不可欠である」

「新規の住宅地計画は民主的な開発が求められる」

2つの世界大戦の狭間の時期である1930年代前半,スウェーデンの住宅供給量は比較的安定していました。しかし,その後第2次世界大戦の勃発を受け住宅建設が滞り,1939年に深刻な住宅不足が生じます。その対策として,国は公的住宅の建設に対する財政支援や借家人を守るために家賃規制などを導入しますが,こうした制度はその後も踏襲されていくことになります。このような動きに加えて,1930年代は住宅水準および設備において質的な改善がなされた時代でもありました。小規模な住戸に浴室が備えつけられるようになり,キッチンの設備・収納も機能的かつ近代的なデザインが取り入れられるようになりま

した。また少子化対策として，自治体が供給する公的賃貸集合住宅の中に「ミュルダール住宅」と呼ばれる多子世帯向け住戸が設けられ，さらには，生活資金の乏しい年金生活者用の住宅も整備されていきます。経済的に苦しい状況にあったスウェーデンでは，当時女性の労働力や社会進出が求められていたこともあり，セントラルキッチンなど家事労働の合理化に対する試みも行われました。この動きは，スウェーデン型のコレクティヴハウスの成立へとつながりますのでその詳細は後述します。さらに，持続可能なコミュニティ形成を図るには，人材が重要であるという考えのもと，民主的な市民を創出するための仕掛けが，すなわち共用施設の配置が住宅地計画の中に取り入れられます。

　ハンソンの「国民の家」構想を受けて推進された住宅政策は「全ての国民への良質な住宅供給」を目的としていたため，スウェーデンでは経済的困窮者のみを対象とした「社会住宅」は整備されませんでした。所得の低い人は，その所得に応じた住宅手当を受給しながら，他の所得階層と同じ住宅に暮らす仕組みが整えられたのです。すなわち，この国において「住宅」とは人々の暮らしの器であると同時に社会インフラとしての性格をも有してきたのです。

2.3.2　持続可能な社会を創り出す住まいと住まい方

　この国では，自治体が供給する公的住宅，そして協同組合方式で供給される住宅など公的な色合いの強い住宅が，公有化された中心市街地の土地に建設されることで，誰もが質の高いアフォーダブルな住まいに暮らせる仕組みを構築してきました。しかし残念なことに，近年では世界的な経済至上主義，すなわち新自由主義の影響を受けて，こうした仕組みはストックホルム・ヨーテボリィ・マルメの3大都市圏を中心として揺らいでいるようです。都市部では，住宅地格差という状況が生じ，高所得階層と低所得階層とが暮らす街が分断され，高齢者や障害のある人が利便性の高い中心市街地から郊外住宅地へ移り住まなければならない状況も発生しています。そのような状況も発生していますが，依然として「住み続けられる」ための努力が制度設計および実際の住宅供給において成されています。ここではいくつかその事例を紹介しましょう。

① 住宅の所有形態と住み替え

　人の一生はライフサイクルそして家族はファミリーサイクルに応じて段階的に変遷していくものです。家族員数や心身状況の変化に伴い住要求は変化するものであり，その変化への対応として住み替えやリフォームなどの対応が必要になります。住宅の持ち家率の高い日本では，近年リフォームやリノベーションによって住要求の変化へ対応する傾向がありますが，居住水準の質の高い住宅が多様な所有形態で用意されているスウェーデンでは，住み替えによってライフサイクルおよびファミリーサイクルへ対応することが重視されてきました。高校や大学を卒業し親元から独立・仕事を始めてからパートナーと結ばれ子どもが生まれるまでは，中心市街地の手頃な賃貸集合住宅に暮らす。子どもが生まれてからは子育てに適した郊外住宅地の協同組合所有形態で面積のゆとりがある集合住宅あるいは戸建て持ち家に移り住み，老夫婦あるいは単身になってからは，再び利便性の良い中心市街地の集合住宅あるいは高齢者住宅に暮らすというコースが理想とされてきました。こうした住み替えを実現するには，多様な所有形態での良質な住宅ストックが用意されていることが重要になります。

　現在でも，多くの地方都市ではこうした住み替えの実現に必要な多様な住宅ストックが存在している様です。しかしながら，前述の通り3大都市圏では中心市街地の居住件所有・賃貸の両方の住宅価格が高騰し，こうした住み替えが困難な状況が生じています。

② 人々のライフスタイル　住まい・仕事・余暇のバランス

　かつて，スウェーデンについて多くを学んだ恩師が「日本には生活全般を示す枠組みとして衣・食・住という言葉があるが，スウェーデンでは，住まい・仕事・余暇という枠組みで生活を捉えている」と分析していたことがあります。確かに，この国で住宅やコミュニティに関するさまざまな調査を実施していると，多くの人がその枠組みで生活というものを捉えていることが実感されます。日本でも近年ワークライフバランスが重視されるようになっていますが，スウェーデンをはじめとした北欧諸国はワークライフバランス先進国であると同時に，国際競争力においても常に世界のトップに位置しています。2010年の

OECDの統計によると日本とスウェーデンの一人当たりの平均年間労働時間はスウェーデンが1,624時間に対して日本は1,733時間であり年間100時間強の時間差が存在します。一方，同じ年の労働生産性（就業者1人1時間あたりの生産性・購買力平均換算）はスウェーデンの49.8ドルに対して日本は39.4ドル。すなわち，日本は長時間労働の割に生産性が上がっていないことになります。

　では，スウェーデンの人々はゆとりの時間を何に割り当てているのか。住まいのインテリアを設えたりメインテナンスの作業を行うこと，そして余暇活動に当てているようです。長い休暇の間に快適な住まいを作り出し，そして余暇活動を楽しむことにより仕事への活力を得て短時間の労働で効率的な結果を生み出す。このような枠組みで生活が成立しています。

③ 安心して最期まで暮らせる仕組み

　欧米諸国では1980年代あたりから「脱施設化」の動きが生じ，スウェーデンにおいても，1990年代末に障害者や高齢者の居住系福祉施設の全廃がほぼ達成されました。法制度上，現在のスウェーデンには「高齢者施設」「障害者施設」が存在せず，そのような人たちが集まって住む場所は，高齢者のための安心住宅や障害者グループホームと呼ばれ，「住宅」としての位置づけになっています。さらに近年ではこうした特別な居住形態もなくし，どのような心身状況であってもできる限り通常の住宅で暮らせる社会的仕組みの整備が進んでいます。こうした流れは日本でも同様に模索されていますが，積極的な観点では高齢者や障害者，終末期の患者などの生活の質を確保する点，消極的な観点としては，居住施設の供給は社会的経済的コストの増大を招くことからそのコスト削減を理由として模索されている点が挙げられます。

　では，この国ではどのように最後まで住み続ける仕組みが整備されているのか，その概要を紹介します。終末期まで居住継続が図られるためには，それに耐えうる性能をもつ住環境の存在と福祉・医療サービスが連携をし，在宅まで届けられることが必要条件となります。

　終末期の居住継続を支える住環境の実現に関しては，計画建築法における住宅のアクセスビリティ・ユーザビリティ規定によるバリアフリー化がはかられ

た住宅の供給，および保健・医療サービス法に規定された住宅改修サービスの供給などを含むテクニカルエイドサービスの提供が位置づけられます。

　計画建築法における規定は，2010年改正以降の同法において第8章の第1条3項，第2条，第4条8項に明記されています。第1条3項には，身体障害のある人や方向認知能力が低下した人でもアクセスおよび利用可能でなければならないという建築物の設計にあたっての義務規定が，そして第2条には第1条の義務規定の適用範囲が説明されています。具体的には新築建築物の場合には建物全体，改築の場合には建物全体かあるいはそれが合理的ではない場合には，建物の主要部分を改修しアクセスビリティを確保する，さらにはほかの改修工事を実施する際にアクセスビリティ確保に関する改修も実施すべきである，という内容が規定されています。そして，第4条には建築物に求められる技術的性能規定が定めされており，8項に「アクセスビリティとユーザビリティは身体機能が不自由な人または方向認知能力に支障がある人々に配慮した性能」と規定されています。このような法規制により，心身に障害が生じた場合にも住み続けることのできる新しい住宅ストックが安定的に供給されています。

　しかし，この規定は計画建築法の前法である建築法の1975年改正の段階で導入されたものであり，77年以降のすべての住宅に適用されたものであるので，それ以前の時代に建設された住宅ストックには依然としてさまざまなバリアーが存在しています。そのような住宅にバリアフリー改修を実施する手段としてテクニカルエイドサービスが存在しています。このサービスは1993年改正保健・医療サービス法において新たに加えられた，住宅や教育施設，就労場所の改修および福祉用具の提供に関するサービスを意味するものであり，スウェーデンの広域自治体・ランスティングが所管する医療サービスの一環として位置付けられています。整備内容の決定およびそれに対する助成金の支払いは基礎自治体であるコミューンが所管しています。実際のサービスの流れは以下の通りです。

1) 病院のかかりつけ医師や作業療法士からの推奨，あるいは本人からの相談によって住環境整備の実施を検討。
2) 作業療法士と本人との相談により，必要な福祉用具および住宅改修の

内容を計画。建築工事を伴う場合は，作業療法士より建設業者へ工事内容の検討を依頼。
3) 作業療法士を通じて，コミューンの都市計画・建築指導課へ助成金の申請を実施。
4) コミューンから許可がおり次第工事の開始・完成。
5) 完成後作業療法士および本人により使い勝手を確認。

　住環境整備の内容は，障害や心身機能低下に応じた基準・助成限度額が定められたものではなく，作業療法士が，当事者の心身状況や住宅内での生活に関する意向，家族の状況や住宅事情などを勘案し考案することになっています。
　次に，福祉・医療サービスの供給の仕組みについてとりあげます。福祉サービスに関しては，社会サービス法を根拠として，ホームヘルプサービスの提供が位置づけされています。高齢や障害に伴い生活行為や家事労働行為の実施に支障が生じている人の住まいにホームヘルパーが訪問し必要なサービスを提供するものであり，日本の介護保険制度にも同様のサービスが位置付けられています。しかしながら，概して人は終末期に突入すると，こうした福祉サービスに加えて医療サービスの提供を必要とします。たとえば，世界各国で死亡原因の1位を占めている癌の終末期の場合には，緩和ケアという医療サービスが必要になります。スウェーデンでは，こうした高度な医療サービスも在宅で受けることが可能な仕組みが用意されています。緩和ケアに関して，スウェーデンでは病棟でのサービス提供に加えて在宅緩和ケアユニット（ASIH）が整備されているのです。病棟と在宅とで緩和ケアを提供している，ストックホルム南部のエルシュタ病院の事例をここでは紹介しましょう。エルシュタ病院のASIHのスタッフは，看護師20（～24）名，医師4名，理学療法士（PT），作業療法士（OT），心理カウンセラーによって構成されています。PTとOTは病棟との兼任になります。担当している在宅患者は常時75～80名程度であり訪問の頻度は患者の症状に応じて異なるそうです。ケアチームは，車で患者宅を1軒ずつ訪問する体制をとっています。この病院には病棟での緩和ケアも提供しているので，患者の意向や病状に応じて両方の場で組み合わせて終末期のケアを展

第2章 住まいとコミュニティ

写真2-3　ストックホルム市内エルシュタ病院外観

開していきます。当院のOTの方に住環境整備についてお話をうかがったところ，在宅緩和ケアサービス利用時においても，OTが患者本人の意向を詳細に聞き取りながら整備方針を決定するとのことでした。患者によっては，福祉用具の利用や住環境整備に拒否反応を示す方もいるそうですが，そのような場合でも，在宅での療養生活での必要性を説明しながら，粘り強く説得を重ね整備につなげるのだそうです。比較的導入頻度の高い環境整備の内容としては，浴室からのバスタブの除去やシャワーの設置，集合住宅の共用玄関および自宅玄関における自動開閉設備の設置，スロープの設置，室内の段差解消，手すりの設置，自走式および電動式車椅子の導入，天井走行リフトの設置などが挙げられます。大規模改修の事例は少ないそうですが，患者の余命が数年に渡ると考えられる場合には，浴室の壁を撤去し面積を拡充する改修や集合住宅へのエレベーター設置が認められるケースもあります。

　現在，首都のストックホルム県では県内にこうした在宅緩和ケアを提供する医療機関が，23箇所存在しています。良質な住環境に加えて，必要な福祉・医療サービスが自宅まで確実に提供されることで，人が最期まで住み続けること

が可能になるのです。

2.3.3　住まい方を学ぶ試み：スウェーデンのコレクティブハウス

　ヨーロッパでは，古来ユートピア思想を起源として人々の共同居住（コ・ハウジング）を理想とする考えが存在していました。そのことは，1506年のトーマス・ムーアの著作『ユートピア』において「近隣住民同士で共用の食堂と各種余暇施設をともに利用しあう住まい方が理想的である」という記述があったことからも読み取れます。スウェーデンでは，こうした考え方を取り入れ独自にコレクティブハウスが発展しましたが，住まいやコミュニティの在り方を学ぶ上で非常に興味深い居住形態です。ここでは，スウェーデンのコレクティブハウスについて紹介しましょう。

① スウェーデン型コレクティブハウスの成立史

　上述の流れを受けて，1835年スウェーデン人著述家アームクヴィストのエッセイに女性の家事労働軽減を目的とした「ユニバーサル・ホテル」という住宅の構想が提案されます。さらには，20世紀初頭のヨーロッパにおいて，使用人を雇えない中・下階層に属する女性の家事労働合理化の観点から「セントラル・キッチン」という概念も登場します。この考え方は，集合住宅の中に設置された「中央厨房＝セントラル・キッチン」において住民が当番制で調理を行い各住戸へ配食するというものでしたが，当時ベルリン，ハンブルグ，チューリッヒ，プラハ，ロンドン，ウィーンなどヨーロッパの大都市でこうした住宅が建設されていました。スウェーデンの首都ストックホルムにおいては，1905〜07年ストックホルムのエステルマルム地区に「ヘムゴーデン・セントラル・キッチン」が建設されました。60住戸からなる集合住宅であり，セントラル・キッチンは地階に設置され，各住戸から内線で食事を注文するという仕組みを扱った住宅でした。

　その後1935年ストックホルム郊外のアルビックに，1階にレストラン，小規模商店，児童教育施設が設置され，配食用のエレベーターや洗濯物用のシュートが設けられた「ヨン・エリクソン通り6番地」というコ・ハウジングが建設

されました。さらにその建設に影響を受けた住宅建設業者オッレ・エンクビストは1940年代以降ストックホルムに同様の共用施設を持つ集合住宅を6箇所建設していきます。6番目の住宅は328住戸を有する大規模集合住宅であり，各階ごとに食堂，パーティルーム，カフェテリアが設けられ，それ以外にも受付，商店，幼稚園，洗濯室，サウナ，プレイルームなど多様な共用施設が併設されたものでした。この段階では，まだ住民の協働による家事分担は考えられていませんでしたが，居住者層として，母親が就労している家庭の支援を重視していました。

　1970年代に入り新たな動きが生じていきます。1976年フェミニストの集団「グループ8」は，家主がレストラン運営をやめてしまったコ・ハウジングの厨房において，住民自身による調理活動を開始しました。その後別の女性運動団体「ビック（BiG）」が，70年代後半に新たなコ・ハウジングモデルとして「住民による家事労働分担協働モデル——BiGモデル」を構築しました。このモデルは1960年代初頭以降，子どものいる既婚女性の就労率が向上していた社会的背景と相まって，保育サービスに加えて新たな就労支援のためのサービス需要として注目されることになります。1979年には，スウェーデン第2の都市ヨーテボリィのスタッケン地区にBiGモデルを導入した第1号のコ・ハウジング（＝コレクティブハウジング，これ以降家事労働分担協働モデルを導入したスウェーデン型のコ・ハウジングをコレクティブハウジングと呼ぶようになります）が登場しました。同じ頃ストックホルムにおいても同様の試みが始まり国内24箇所にコレクティブハウスが建設されていきました。スウェーデン国内では，1980年代から90年代にかけて50箇所ものコレクティブハウジングが建設されましたが，その大半はBiGモデルです。

② 人生の後半生のための住まいとして

　首都ストックホルムは，特に公的な賃貸住宅施策の一環としてコレクティブハウスを供給しています。現在ではその分類には，多世代型コレクティブハウスとシニア型コレクティブハウスとが存在していますが，ここでは，特に後者のシニア型コレクティブハウスを紹介します。

ストックホルム市には公的賃貸住宅を供給する会社が3社ありますが，そのうちの1社，ファミーリィエ・ボスターデル社が公的賃貸住宅としてコレクティブハウスを提供しています。母子世帯，障害者世帯，高齢者の単身世帯も含めたあらゆる世帯の開かれた多世代型と，「人生の後半生のための住まい」というコンセプトのもと40歳以上の子どものいない世帯を対象としたシニア型，との2つのタイプがあります。シニア型は1990年代初頭から供給が開始され，その第1号が1993年に建設された「フェールドクネッペン」という集合住宅です。2010年時点で入居者は52～91歳の51名，男性11名，女性40名であり平均年齢は70歳という状況です。スウェーデン型のコレクティブハウスの大きな特徴は，既述の通り家事労働分担協働の仕組みが取り込まれているところにありますが，この「フェールドクネッペン」においても，住民が平日の夕食を共にするコモンキッチンやコモンダイニングをはじめとした多様な共用施設が用意されています。住民は平日の食事当番をはじめとして，住宅のメインテナンス，新規入居者の選考など，さまざまな業務の役割を分担しながらこの住宅で共生生活を送ります。

　この集合住宅の居住者の方にお話をうかがった際，2つのことが印象に残りました。まず1つ目は，この集合住宅で看取りがなされたかという質問に対する回答です。「この家では，さまざまな役割は厳密な義務付けがされているものではなく，体調の悪い時などはお互いが助け合い役割を補いながら過ごしています。ですから，年齢が進み心身状況が悪化したとしても，重い認知症にさえならなければ最期までこの家に住み続けることが可能です。ホームヘルプサービスを利用しながら隣近所の助けを借りて，この住宅で最期を迎えた人も数人存在しています」ということでした。やはりコレクティブハウスという住まい方は共助を喚起する住まい方なのでしょう。そうしてもう1つは，ここでの住まい方の効果を質問した時の回答です。「コレクティハウスでの生活は，社会参加，役割の獲得，健康の維持，孤独感の払拭，住民同士の支え合いなどの観点から，高齢者の心身状態に確実に良い影響を及ぼすものです。私はそのことを毎日の生活の中で実感しています。可能であれば，それを実証する研究のようなことを行いたいと考えています」という言葉です。コレクティブハウ

第 2 章 住まいとコミュニティ

写真 2-4　フェールドクネッペンの共用のリビングルーム

スには，超高齢社会が直面しているさまざまな問題を解く鍵が隠されているのかもしれません。

2.4　超高齢社会における日本の住まいと住まい方

　私たちの暮らす日本の社会は未曾有の超高齢化に直面しています。そのことは憂うべきことではなく，私たちの社会の先達が長い間努力を重ねたことによって実現された素晴らしい現象ではありますが，残念ながらさまざまな問題点に直面しています。住まいあるいは住まい方に関しては，本章で紹介したスウェーデンをはじめとした，さまざまな海外の住文化の学びを通じて新しい価値観を構築することが重要であると，私は考えます。住まいを所有することに捉われず，ワークライフバランスを見直し地域活動にもっと積極的に参加することによって共助のような絆を取り戻すことも可能です。

　超高齢社会は住まいや住まい方に関して，もう 1 度学び直すきっかけとなり得るのです。

参考文献

今和次郎（1987）『考現学入門』ちくま文庫。
今和次郎（1989）『日本の民家』岩波文庫。
西山夘三（1947）『これからの住まい』相模書房。
西山夘三（1989）『住まい考今学――現在日本住宅史』彰国社。
鈴木成文・上野千鶴子・山本理顕他（2004）『「51C」家族を入れるハコの戦後と現在』平凡社。
日本建築学会住宅小委員会編（2004）『事例で読む現代集合住宅のデザイン』彰国社。
青木純（2013）『大家も住民もしあわせになる賃貸住宅のつくり方』学研パブリッシング。
東洋大学福祉社会開発研究センター編（2011）『地域におけるつながり・見守りのかたち』中央法規。
水村容子（2014）『スウェーデン「住み続ける」社会のデザイン』彰国社。
祐成保志（2014）『ハウジングと福祉国家――居住空間の社会的構築』新曜社。
小谷部育子＋住総研コレクティブハウジング研究委員会編著（2012）『第3の住まい――コレクティブハウジングのすべて』エクスナレッジ。

第3章

高齢期の働き方と生涯発達

片桐恵子

　本章では，高齢期のキャリアについて取り上げます。高齢期のキャリアを考える前に，まず最近の定年をめぐる変化について簡単に説明しましょう。日本では高齢化の進行による社会保障費の急激な拡大に伴い，年金支給開始年齢を徐々に引き上げています。しかし，そのためには定年年齢も引き上げて，定年と年金支給開始年齢の間のブランクをなるべく生じさせないようにしなくてはなりません。

　日本では長らく55歳定年が慣例でしたが，1998年高年齢者雇用安定法により60歳定年制となり，2013年の高年齢者雇用安定法改正により，企業は希望者に対して65歳までの雇用確保が義務化されました。このような改革の結果，2014年には希望者全員が65歳以上まで働ける企業は71.0％，70歳以上まで働ける企業は19.0％となっています（厚生労働省 2014a）。少なくとも60歳代前半まで，あるいは60歳代は働き続けることが当たり前になってきました。

　このような変化の背景として日本の高齢者の体力は年々若返り健康であるため，60歳代就労を可能にしているということもあります（鈴木・權 2006）。60歳になったときの平均余命は男性23.36年，女性28.68年（厚生労働省 2015）。日常生活に支障がない期間である健康寿命は，2013年には男性71.19年，女性74.21年。すると定年で60歳になったとき，男性で12.17年，女性14.47年間日常生活に支障もなく生きられるわけです。

　世界トップの超高齢社会である日本社会においては，60歳代は働き続ける人が多くなることが可能であると同時に社会として必要になってきました。つまり，60歳代の就労のもつ意味を問い直す必要が出てきたのです。

3.1 働く60代

3.1.1 高齢労働者の現状

はじめに高齢者労働の現状を確認しておきましょう。高度成長期の1968年から徐々に労働力率は下がり続けていましたが，高年齢者雇用安定法改正の運用が始まった2006年から60歳代男女とも労働力率が徐々に上昇しています（図3-1）。

法改正により，65歳までの雇用確保を義務化された企業は，3つの方法で対応しています。①「定年制の廃止」により雇用確保措置を講じている企業は2.7％，②「定年の引上げ」による企業は15.6％，③「継続雇用制度の導入」による企業は81.7％となっていて，継続雇用制度により雇用確保措置を講じる企業の比率が圧倒的に高くなっています（厚生労働省 2014a）。それまでの雇用契約は定年により終了し，新たな雇用契約を結ぶということで，定年前とは職務内容や雇用環境が大きく異なっているのが60歳代前半雇用者に関する現状です。

8割の企業が採択している③継続雇用制度に目を向けましょう。定年を迎えると多くの人々は同じ会社に勤めているとはいえ，大きな変化に直面します。継続雇用者がどのような仕事をしているのか，どのくらいの時間働いているのかについて検討した藤波（2013）は，定年前と定年後の変化を「仕事内容」と「労働時間」について「変化なし」と「変化あり」の4つのカテゴリーで分類しています。「仕事内容同じ・労働時間変わるタイプ」45.0％，「仕事内容変わる・労働時間同じタイプ」36.5％と，これら2つで全体の約8割を占め，「仕事内容変わる・労働時間変わるタイプ」18.2％，「仕事内容同じ・労働時間同じタイプ」は0.3％であったと報告しています。つまり，現役時と全く同じような働き方をしている人はほとんどいない，ということになります。

次に継続雇用者の処遇について見てみましょう。藤波・大木（2011）は，企業の高齢社員の人事管理について，現役社員と異なる格付け制度，賃金テーブルを採用し，昇給はなし，評価制度がない，あるいは違うものになるなど労働条

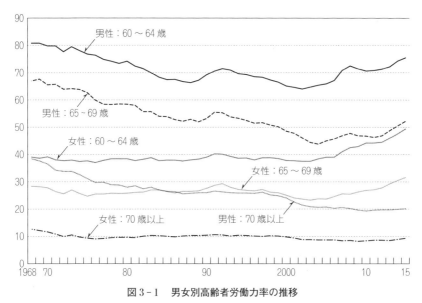

図3-1　男女別高齢者労働力率の推移

(出典) 総務省統計局「年齢階級 (5歳階級) 別就業者数及び就業率」より筆者作成。

件は異なるけれど，労働時間は現役時とあまり変わらないという厳しい状況を報告しています。それゆえ，高齢労働者が仕事へのモチベーションを保ちがたくなっていると分析しています。当然高齢労働者側はそのような人事管理について不満をもっており，賃金水準の向上やこれまで培った技能・技術・ノウハウを生かせるような配置をすることなどを強く望んでおり (藤本 2011)，企業側と高齢労働者側の乖離が大きくなっています。

　一方，日本人は高齢になっても高い労働意欲をもつことで有名です。平成26年版高齢者社会白書でも「65歳くらいまで」31.4％,「70歳くらいまで」20.9％,「75歳くらいまで」3.7％,「働けるうちはいつまでも」25.7％．生涯現役志向が垣間見えます (厚生労働省 2014b)。60歳以降に就労を希望する理由は，「生活費を得たいから」76.7％,「自由に使えるお金が欲しいから」41.4％であるのに対し，「仕事を通じて，友人，仲間を得ることができるから」30.1％,「生きがいが得られるから」28.9％と，働く主な目的は経済的な理由であることがわかります。杉澤・秋山 (2001) は，日本とアメリカの高齢者を

49

比較し，日本の男性高齢者は，就労意欲はアメリカに比べて高いけれど，よく言われていたようにそれは「生きがい就労」であるわけではなく，経済的な理由に基づくものであることを示していますが，10年以上たってその傾向はより顕著になっているようです。

3.1.2　シニアの抱く「不安」

　働き続ける主な目的が経済的な理由であることは，現在のシニア層が抱く強い「不安」を反映しているのかもしれません。片桐（2012a, 2012b）は以前の高齢者と異なり現在の60歳代の退職シニアはさまざまな不安を抱いていることを指摘しています。長生きに対する不安，自身の病気や介護に対する不安，いつまでも自立しない子どもに対する不安，配偶者の病気や介護に対する不安など多くの不安に囲まれていて，それ以前の年金など厚い社会保障に保護されていた世代とは異なります。これらの不安が定年後に社会参加をさせることを阻む原因の一つとなっていると考えられます。

　松浦（2011）は，中高年男性の不安を健康不安・経済不安・人間関係不安に分け，60歳前後の男性のパネルデータを用いてグループ分けしています。そして不安「低・低・低」群と不安「高・高・高」群がそれぞれ4分の1程度を占めていたこと，前者は健康，高学歴，勤め先が大企業，役職が課長以上など社会的に恵まれている社会階層が中心であったのに対し，後者は60歳以上でも就業しており，社会保障制度を頼りにしている度合が高いなどの特徴があったことを報告しています。かつてはセーフティネットとして機能していた家族に着目すると，不安「高・高・高」群では家族が不安の要因となっている，つまり不安「高・高・高」群の方が同居人数が多く，三世代同居の割合が高いなどの特徴をもっていました。これは，自立できない子ども世代の存在を示唆する結果です。

　バブル華やかなりし頃は，実家に同居して日常的な生活費を親に頼りながら自分の収入は自分のために使うという優雅な「パラサイト・シングル」（山田1999, 2004）という言葉がはやりました。しかし「パラサイト・シングル」は一過的な現象であり，現在は経済状況の悪化した親と経済的に自立できない子

どもが同居するという親と子がそれぞれ別個には独立した生計を営めないという切迫した状態となっています。親の年齢が進めば引退生活に入り，年金収入に頼らざるを得ません。子どもは健康の悪化した親の介護に追われ，離職，あるいは不安定就労につくしかなく，経済的に不安定で切羽詰まった状態を招いています。

　親の死亡届を出さず，所在不明の高齢者の事件がマスコミを賑わしたこともありました（坂本 2011）。最近は少ない年金で生活保護を受けながらどうにか暮らしていた親のところに，失業した子どもが同居するようになったことで生活保護が打ち切られ，生活破綻を生じさせているというようなケースも大きな社会問題となっています。つまり家族は心の安らぎの礎になる存在ではありますが，経済的に追い詰められると時には大きな不安をもたらす要因ともなっているのが現在の日本の高齢家族の状況と言えましょう。

3.1.3　「つながる場」としての職場

　現在の高齢者の働く第１の目的は経済的な要因，その次には「仕事を通じて，友人，仲間を得ることができるから」が挙げられていました（厚生労働省 2014b）。

　会社で働くということは，職場にて幾重にもわたる種々のネットワークの中に生活時間の長時間身をおく，ということでもあります。職場での人間関係がよく，上司や同僚に信頼をもつことができれば，長い会社生活の中で社員一人一人に社会貢献志向を育み，ソーシャル・キャピタルの涵養にもつながります（片桐 2007）。そして社会参加志向は，定年後の社会参加，特にボランティアなどの社会貢献活動につながる重要な考え方でもあります。

　さらに仕事関係の「職縁」の多様性が高ければ，定年後の社会参加を促進する要因ともなります（片桐 2012a）。会社内には会社独自の会社風土という社員同士の暗黙の了解が共有される文化があり，これはコミュニケーションを円滑にする強力なツールとなります。しかし，他の会社の人，特に他の業種の人とのコミュニケーションはそうはいきません。そのため，同じ会社の人だけではなく異業種の得意先や関係先の人の知り合いが多ければ，それだけ多くの社会，

人たちと付き合うコツを身につけることができます。さらに１つの会社に限定された閉鎖的なネットワーク以外に，他のリソースにアクセス可能な開放性の高い広いネットワークから多くの情報を得るという大きな強みをもつことになるのです。

3.1.4 「学ぶ場」としての職場

　仕事からは経済的収入と人間関係という２つの重要なリソースを得ていますが，もう１つ無視できないものがあります。それは仕事を通じての「学び」です。企業の立場からみればすべての社員に仕事に必要な技能・能力をオン・ザ・ジョブ・トレーニングとオフ・ザ・ジョブ・トレーニングを通じて身につけてもらう人材育成は大きな課題の一つです。前者は通常上司が部下に対して仕事を通じて行う教育・指導訓練，後者は仕事を離れて実施される研修などの教育指導訓練を意味します。この２つは人材育成における主要な構成要素になります。

　では，高齢社員に対して企業はどんな能力を求めているのでしょうか。それは現役社員に対する期待と同じなのでしょうか。その能力の育成のためにどのような研修を行っているのでしょうか。

　大木・鹿生・藤波（2014）は，高齢社員に「第一線で働く能力」を求める企業が６割，「現役世代の力になる能力」を求める企業が４割であり，大企業ほど後者を求めていると報告しています。しかし，「第一線で働く能力」を求める企業でも「現役世代の力になる能力」を育成するための研修が必要であると考えており，現役社員とは異なる仕事の仕方や姿勢を高齢社員に求めている様子がうかがえます。「現役世代の力になる能力」を育成するためには「意識改革に関する研修（現役正社員の力となる働き方に踏む出すための意識転換を促進し，その働き方に求められる仕事の仕方や姿勢を養成するための研修）」を50歳代の社員に行うことが必要です。しかし，そのために「60歳以降の職業生活について考える研修」を実施している企業は１割にも満たないという現状を報告し，これからの重要な検討事項であると主張しています。

　さらに以上の話は60歳代以降に備えての50歳代の正社員に向けて実施する研

修に関することです。定年をすぎた人たちに対する研修はどうなっているかといえば，60歳代前半の継続雇用者を対象に研修を実施している企業は2.8%とごくわずかで，実施していない企業は89.2%でした（労働政策研究・研修機構 2010）。

これらのデータは高齢労働者を抱えるようになったもののどのように遇したものか，と考えあぐねる企業の姿勢を示しているようです。現役世代を支えてほしいと希望する一方で，そのためにどのように社員を教育したらいいのか戸惑い，有効な教育訓練の方法を見いだせていない様子をうかがわせます。

しかし，会社では，これ以外の学びの機会があります。今まであまり注目されてこなかった「同僚－同期」「上位者－部下間」など職場のさまざまな主体間の社会的相互作用を通じての学習の重要性を中原（2012）は指摘しています。

平成不況の長い間，企業はさまざまなコスト削減に努めてきましたが，その1つとして，人件費削減のため従来の縦型組織，部長－課長－係長－スタッフのような組織を排し，フラットな組織を作ってきました。これは中間管理職をできるだけ減らすという効果も期待してのことです。時には1人の部長が100人以上の部下を束ねるということも決して珍しくなくなりました。しかし，このような組織体制では従来「係長－部下間」や「課長－部下間」で行われていたきめ細かいオン・ザ・ジョブ・トレーニングは期待できません。さらに業績評価主義も導入され，仕事の課題をこなすためには他人を教えている余裕などない，という厳しい現実もあるでしょう。

田中（2012）はその様子を組織市民行動の減少という形で捉えています。組織市民行動とは「自由裁量的で，公式的な報酬体系では直接的ないし明示的には認識されないものであるが，それが集積することで組織の効率的及び友好的機能を促進する個人的行動」（Organ, Podsakoff, & MazKenzie 2006）などと定義されるものです。たとえば田中（2012）は，組織市民行動研究は1980年代末よりアメリカを中心に行われてきたもので，日本での研究がなかなか進まなかった要因として，従来の日本の伝統的な職場では組織市民行動とされる多くの行動が根付いていたからであると考察しています。しかし，日本においても1990年代から成果主義的賃金制度の導入が普及するにつれ，組織市民行動が妨げら

れるようになってきたと指摘しています。しかし一方で，管理職が減ったフラットな組織では，大きな組織の円滑な運営のために組織市民行動の重要性が増しているという皮肉な状況にあるのです。

そのような社員を取り巻く厳しい状況にある現在であるからこそ，ますます上司や先輩，同僚や得意先とのさまざまなコミュニケーションを通じての日常的な学習の機会に貪欲であることを求められる時代になったのではないでしょうか。それで得たものは，退職後に会社を離れた地域社会で役立つ知識やスキルであるとも思われます。

3.2 高齢期キャリアからみた社会参加

前節では今の高齢労働者をめぐる労働環境について概観しました。しかし，高齢者の働き方は企業に勤めるだけではありません。青山（2011）は企業・組織で働くことを「第一の働き方」，自営で働くことを「第二の働き方」としています。さらにこれらに加えて，これからはその他の働き方・活動を「第三の働き方」として，これからは第三の働き方に着目する必要があると主張しています。「第三の働き方」とはNPO法人，シルバー人材センター，ボランティア，社会貢献活動などでの就労や活動を意味しています。

3.2.1 生産的活動とキャリア

片桐（2012c）は，高齢者の社会参加とその類似概念――市民参加，生産的活動――を整理し，その３つの概念を，「公的－私的」の軸と「無償－有償」の軸の中に位置づけたモデルを提案しています（図3-2）。このモデルの中で，生産的活動として分類されている「就労」「NPO」「ボランティア」が青山（2011）のいう「第三の働き方」にはほぼ該当しています。

しかし，仕事から徐々に引退している過程にある退職シニアのキャリアについて考える際には，「有償」性のある生産的活動に限定してしまうことは必ずしも十分ではないように思われます。最近は50歳代の現役の人でも，２枚の名刺を持っている人を散見します。会社の名刺とNPO活動の名刺です。これは，

第3章 高齢期の働き方と生涯発達

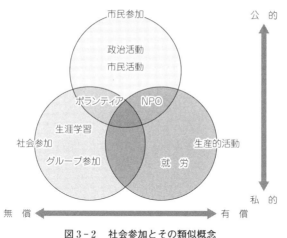

図 3-2 社会参加とその類似概念
(出典) 片桐 (2012c)。

その人にとって、仕事以外の場にいる自分の重要性を主張しているようにも思えます。活動目的などに賛同して取り組む NPO などの社会貢献活動は、退職者や専業主婦ばかりでなく、現役で働く世代にも、その人の理念や主義を表す立派な「キャリア」であると考えられるのではないでしょうか。たとえば、会社で長年経理を担当してきた人や法務を担当してきた人が、たまたまある NPO 法人の仕事に興味をもち、その技能を生かして NPO 経理や NPO 法人事務を少し手伝うようになったとします。現役で働いていた時は無償のボランティアとして手伝っていたけれど、定年になったのを機に、会社を引退し、報酬は少ないけれど働く意義の感じられる NPO 法人に雇われるというようなケースは今後増加していくと思われます。このような場合、前職の技能を生かしたキャリアということができます。

3.2.2 社会参加とキャリア

社会老年学の分野では、高齢者の社会参加の含む範囲について、多くの定義において就労が除外されています。それは就労とそれ以外の社会参加活動では関連する要因と生じる結果が同一に論じられないからです (片桐 2012a)。しかし、キャリアという観点から検討する場合は、図 3-2 で取り上げた生産的活

動とその周辺の活動まで含めて考えた方が適切と思われます。

　たとえば図3-2で社会参加に包含されている生涯学習について考えてみましょう。現役で働いていた時から興味関心をもっていた歴史の勉強に取り組むということであれば、キャリアという概念にはなじまないかもしれません。しかし、何かの役に立つかもしれないとパソコンや語学を勉強する、あるいは園芸教室に通い、将来農業を始める基礎を勉強したい、ということであれば、キャリア形成に関わる活動ともみなせます。

3.2.3　社会参加・市民参加・生産的活動と学び

　そもそも社会参加とその類似概念については、確立した定義があるわけではなく、いわゆる"アンブレラ・ターム"です。"アンブレラ・ターム"とは包括的な広範なカテゴリーを表すもので、便利に使われるのです。しかし、いざ研究として取り組もうとすると、定義の抽象性や内包する範囲の曖昧性などに悩まされることになります。

　しかし本章で検討したいことは、高齢者のキャリアと学びについてですので、3つの概念を峻別する必要性はありません。むしろ社会との関わり、という観点からはそれら3つの概念の和集合、結びとしてすべての表象を、"学び"の可能性の存するものとして対象とすべきだと思われます。

　ではこれらのすべての活動エリアにおける"学び"とは何でしょうか。あいにくこれらをまとめて対象とした研究は見当たらないですし、日本の研究ではこれらを"学び"という観点から考察した研究はほとんど見当たりません。

　そこで社会参加活動についての研究を学びという観点から考え直してみたいと思います。ここでは筆者の提案した「社会参加位相モデル」（片桐 2012a）を例に取り上げて考えてみましょう。

3.3　学び・発達の場としてのシニア期の"キャリア"

　これまでシニアの"キャリア"を学習という観点からは広く捉えるべきであることを主張してきましたが、ここでもう少し詳しく説明しましょう。

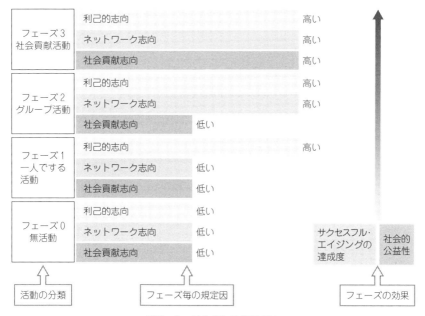

図 3-3　社会参加位相モデル

（出典）片桐（2012a: 95）。

3.3.1　社会参加位相モデル

「社会参加位相モデル」（片桐 2012a）は社会参加を「フェーズ０」から「フェーズ３」までの４つのカテゴリーに分類しています（図3-3）。この４つのフェーズは「利己的志向」「ネットワーク志向」「社会貢献志向」の３つの志向性の強弱によって特徴づけられます。ここで「利己的志向」とは，自分が楽しみたいといった考え方，「ネットワーク志向」とは人と一緒にいたい，交流したいという志向性，「社会貢献志向」とは，社会のために役立ちたいという考えです。

「フェーズ０」は「利己的志向」「ネットワーク志向」「社会貢献志向」のいずれもが低く，なにも社会参加活動をしていない状態です。「フェーズ１」は「利己的志向」のみ高く，１人で行う趣味活動をしている状態。「フェーズ２」は「利己的志向」「ネットワーク志向」の２つが高く，「社会貢献志向」が低く，楽しみのためのグループ活動に参加している状態。「フェーズ３」は３つの志

第Ⅰ部　超高齢社会における学習課題

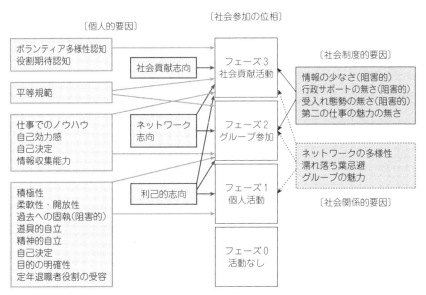

図 3-4　社会参加位相モデル（促進モデル）

（出典）片桐（2012a: 117）。

向性が全て高く，ボランティア・グループなどに参加して社会貢献活動をしている状態です。これらの4つ社会参加活動のフェーズは，上位のフェーズの方が社会参加する個人からみて「サクセスフル・エイジングの達成度」が高い，また社会にもたらすプラスの効果「社会的効益性」が高い，と想定されています。

では社会参加活動において，"学び"はどこで実現しうるのでしょうか。「社会参加位相モデル」には「社会参加位相モデル（促進モデル）」（図3-4）「社会参加位相モデル（効果モデル）」（図3-5）が用意されていますので，その双方において検討してみましょう。

まず促進モデル（図3-4）を見てみましょう。このモデルは社会参加の4つのフェーズごとに社会参加を促進・阻害する要因について表しているものです。「フェーズ2」以上の参加を促進する個人的要因に「仕事でのノウハウ」「自己決定」「情報収集能力」が挙げられています。「仕事でのノウハウ」とは，過去の仕事でのノウハウですが，会社でやっていたそのままで通用するわけではな

58

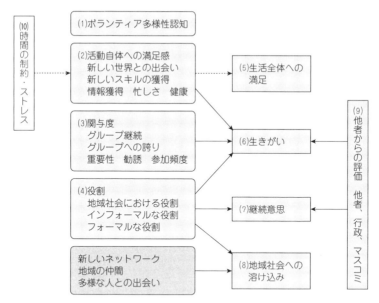

図3-5　社会参加位相モデル（効果モデル）

(出典) 片桐 (2012a: 120)。

く，社会参加に適した形にアレンジする必要があります。「自己決定」は，自分で何かを決める能力で，上意下達に慣れた会社員には自分で何かを決めるということは案外大変なことで，自己決定する能力を身に付けるのは難しいものです。「情報収集能力」とは，やはり自分が求める社会参加活動の情報や地域の情報を入手する能力です。地域での情報はえてして体系的に入手することは難しく，いろいろなメディア，つまり，地域の人，地域情報誌，地域広報などあちこちに転がっている情報を集めなければなりません。

　これらの能力は社会参加を促進する個人的なリソースとなりますが，これらは会社での研修で身につくというものではありません。グループやボランティアに参加しようとするときには，どこかでこれらの能力を獲得，つまり，学習する必要があります。むしろ組織市民行動や，多様なネットワークにおける付き合いの中にロールモデルを見つけたり学習することで身についていくものではないでしょうか。

次に効果モデル（図3-5）を見てください。このモデルの方が社会参加活動の中で学習して得られるものを端的に表しています。ここで最も重要なのは地域での「新しいネットワーク」です。長ければ40年以上会社で人生の大半の時間を過ごしてきた人は，人との付き合いがどうしても「社縁」中心になっています。ビジネス的な考え方をする世界の中でいつしか多くの価値観も共有するようになっています。それは時には限定的な人間関係や考え方になり，多様性となじまないメンタリティを生じさせかねません。しかし別の世界，多様性に出会わなければ，自分の世界が閉鎖的であることにも気がつかないのです。

　しかし地域社会には多様な人たちがいます。地域で社会参加活動をすれば，一緒にいても何を話したらいいかわからないような，これまで接してこなかった種類の人たちとの出会いにしばしば遭遇します。そういう人たちと共有できる話題を探り，どのような話し方をしたらいいか，すべて学習して習得しなければ地域社会ではうまくやっていくことができません。「地域デビュー」ができない，ということになります。時にはこれまで知らなかった新しい世界との出会いにそれまでの価値観が変わる程の衝撃を受ける場合もあります。これらはすべて社会参加という場における貴重な"学び"と言えましょう。

　会社人間として地域社会から無縁で過ごしてきた退職シニアが地域社会に溶け込むのは容易ではないことです。杉澤・秋山（2001）も日米を通じて現役時代から地域での社会参加をしてこなかった人が退職後に地域への参加をすることは難しいという結果を報告しています。このように困難な地域デビューですが，努力してデビューに成功すれば，地域でのネットワークを得ることで寝に帰るだけだった地域に溶け込んだ，という感覚を味わえることになります。

3.3.2　シニア期のキャリアと学び

　前項では，社会参加という場における"学び"の可能性について「社会参加位相モデル」を基にして論じましたが，前節で説明したように「生産的活動」や「市民参加」の場でもこの議論は敷衍できます。なぜならば，"地域社会"という舞台に近いほど多様性が増すと考えられるので，社会参加と同様の学習の機会との遭遇を期待できるからです。「生産的活動」に分類されるボランテ

ィアやNPOや,「市民参加」に分類された政治活動や市民活動でも,構図は同じです。会社と比べるべくもない多様な人たち,さまざまな価値観に出会うことでしょう。

　第1節で取り上げた60歳代の就労の場ではどうか,と思われるかもしれません。しかし,同じ会社にいても,新たな出会いは可能です。定年を迎えた後に会社で就労を継続したとき,企業は高齢社員にこれまでと違う能力や役割を期待していました。定年に伴う種々の公的な事務手続きの場や,それまで部下だった後輩が上司となったりと,様変わりする周辺の環境にうまく適応しなくてはなりません。変化した環境にうまく適応するためには,それまで会社で培った能力やノウハウとはなにか違うものが要求されるはずです。社会参加をした場合と違って周辺の顔ぶれは変わりませんが,立場が変わると同じ人でもこれまで知らなかった面を見せてくれることもあります。現役時代,成果主義の今の会社では実施する余裕がなかった「組織市民行動」ができるようになれば,業績主義のぎすぎすした会社風土を円滑にする一助となることができるかもしれません。

　こういう意味で,高齢期のキャリアの場,つまり生産的活動,社会参加,市民参加の中に,地域社会でうまくやっていくソーシャル・スキルや,新たな価値観の獲得など学習する機会があちこちに転がっています。それに気づいて生かすのは本人次第と言えましょう。しかし,それに気がつけば,それまでの価値観を超えた,新たな成熟を実現する成長を遂げることができるのではないでしょうか。

参考文献

青山正治(2011)「高齢期の働き方の多様化に向けて――「第三の働き方」の拡充を目指して」『NLI Research Institute Report』October: 4-9。

藤本真(2011)「60歳以降の勤続をめぐる実態――企業による継続雇用の取組みと高齢労働者の意識」『日本労働研究雑誌』616: 74-85。

藤波美帆(2013)「嘱託社員(継続雇用者)の活用方針と人事管理――60歳代前半層の賃金管理」『日本労働研究雑誌』631: 114-125。

藤波美帆・大木栄一(2011)「嘱託(再雇用者)社員の人事管理の特質と課題――60

歳代前半層を中心として『日本労働研究雑誌』607: 112-122。

片桐恵子（2012a）『退職シニアと社会参加』東京大学出版会。

片桐恵子（2012b）「さまよえる「サード・エイジ」」『UP』41(6): 16-21。

片桐恵子（2012c）「退職後の社会参加—研究動向と課題」『老年社会科学』34(3): 431-439。

片桐恵子（2007）「CSR 活動の光と影——CSR 理念が従業員にもたらす効果」『アサヒビール学術助成財団食生活科学・文化及び環境に関する研究助成研究紀要』22 : 159-166。

厚生労働省　平成26年簡易生命表の概況（2015）
　　http://www.mhlw.go.jp/toukei/saikin/hw/life/life14/dl/life14-02.pdf

厚生労働省　平成26年「高年齢者の雇用状況」集計結果（2014a）
　　http://www.mhlw.go.jp/file/04-Houdouhappyou-11703000-Shokugyouanteikyokukoureishougaikoyoutaisakubu-Koureishakoyoutaisakuka/261031.pdf

厚生労働省　平成26年度高齢社会白書（2014b）
　　http://www8.cao.go.jp/kourei/whitepaper/w-2014/zenbun/26pdf_index.html

松浦民恵（2011）「中高年男性の不安の構造を探る——パネル調査の分析を通して」『日本労働経済雑誌』616: 59-73。

中原淳（2012）「学習環境としての「職場」——経営研究と学習研究の交差する場所」『日本労働研究雑誌』618: 35-45。

大木栄一・鹿生治行・藤波美帆（2014）「大企業の中高年齢者（50歳代正社員）の教育訓練政策と教育訓練行動の特質と課題—65歳まで希望者全員雇用時代における取り組み」『日本労働研究雑誌』643: 58-69。

Organ, D., Podsakoff, P. M., & MazKenzie, S. B. (2006) *Organizational citizenship behavior: Its nature, antecedents and consequences*, Thousand Oaks, Sage, CL: Sage Publications.（上田泰訳（2007）『組織市民行動』白桃書房。）

労働政策研究・研修機構（2010）「高齢者の雇用・採用に関する調査」『JILPT 調査シリーズ』67。

坂本和靖（2011）「パラサイト・シングル——親同居未婚者が抱える問題」『日本労働研究雑誌』53(4): 10-13。

杉澤秀博・秋山弘子（2001）「職域・地域における高齢者の社会参加の日米比較」『日本労働研究雑誌』487: 20-30。

鈴木隆雄・權珍嬉（2006）「日本人高齢者における身体機能の縦断的・横断的変化に関する研究——高齢者は若返っているか？」『厚生の指標』53(4): 1-10。

田中堅一郎（2012）「日本の職場にとっての組織市民行動」『日本労働研究雑誌』627: 14-21。
山田昌弘（1999）『パラサイト・シングルの時代』筑摩書房。
山田昌弘（2004）『パラサイト社会のゆくえ――データで読み解く日本の家族』筑摩書房。

第 4 章
老いと学びの共同性

梶谷真司

4.1 「老い」という問題

「老い」というのは，それじたいが問題であるような印象を受けます。体力は落ち，病みがちになり，病気や傷が治りにくくなります。目や耳の感覚が鈍り，物覚えも悪くなります。足腰が弱れば，車いす生活になり，寝たきりになります。こうした心身の衰えやそこから帰結する不自由のほかに，特に会社で働いていた人の場合，退職すれば，それまでの社会的な地位も役割も失います。収入が減り，経済的にも苦しくなります[1]。人間関係も狭まります。伴侶がいても，関係が悪くなることもありますし，相手に先立たれれば，孤独が待っています。また学習能力が落ちてくるため，このような環境の変化に柔軟に適応できません。こうして生じるもろもろの困難は，本人だけでなく，家族をはじめとする周囲の人にも及びます。

また医療の発達や生活水準の向上の結果，平均寿命が延び，かつては一部の人しか迎えなかった老いが，大半の人に経験され，その期間も長くなりました。高齢者のための医療，介護，年金，福祉等の制度・財政上の難題が山積し，社会にとって大きな負担になっています。こうして老いは，まさに社会全体の問題となったわけです。しかも，生き方が多様になったため，問題もより多様で複雑になりました[2]。

現代において，こうした老いの否定的側面が前面に出てくるのは，近代化の所産であって，それ以前は老いをもっと肯定的に捉えられていた，という議論がしばしばなされます[3]。近代の資本主義社会で，人間はおもに労働力として生

産性から価値づけられるが，老いは逆に非生産性と結びつくため，否定的に見られるわけです。

それに対して，老いをもっと積極的に捉えていこうという立場もあります。精神的成熟，賢明さ，寡欲，いろんな義務から解放された自由，いわゆる「悠悠自適」です。ただしこうやってポジティヴに捉えれば，ネガティヴな面が消えるわけではありません。老いは昔から嘆きの対象でした。

江戸時代，仙厓義梵（1750-1837）という禅宗の僧侶がいて，「老人六歌仙」という絵に次のような文を付しています（cf. 三宅 1979: 299）。

 しわがよる　ほ黒が出来る　腰曲る　頭がはける　ひげ白くなる。
 手は振ふ　脚はよろつく　歯はぬける　耳はきこえず　目はうとくなる。
 身に添ふは　頭巾襟巻　杖へ，目鏡　たんぽ（湯婆），おんじゃく（温石）
 しゅひん（尿瓶）孫子の手　聞きたかる　死にとむながる　淋しかる
 心は曲る　欲深くなる　くどくなる　短氣になる　愚痴になる　出しゃばりたがる　世話やきたがる　又しても　同じ話に　子を譽める　達者自まんに　人はいやがる

「老い」というのは，昔から悩ましいものでした。それは本人にとってはもちろん，周りの人にとってもそうです。平均寿命が短く，生活条件も厳しかった昔，老いは希少だったこともあり，相対的には価値が高かったでしょうし，老人を尊重する社会規範もしっかりしていたでしょう。しかし生活全般がそうであるように，老いの現実も過酷だったにちがいありません。

たしかに現代のように，寝たきりで何年も生きたり，果てしない延命治療に苦しむことはなかったでしょうが，今では大した問題にならないような病いでも，あっさり人の命を奪い，あるいはなす術もなく悪化し，人々を責めさいなんでいました。死の床は，延々続きはしなかったでしょうが，治療や鎮痛の技術が乏しかったため，しばしばひどい症状に苦しみ，恐ろしいほどの苦痛に耐えなければならなかったのです。

かつて老いに対しては，多くの場合，こうしたさまざまな苦難を何とか受け

入れ，折り合いをつけるしかありませんでした。他方今日，私たちは，上で挙げたようなさまざまな困難，苦悩，問題を，回避するか解消しようとします。完全にそれができるわけではありませんが，かなりの程度可能になりました。そのために，健康であり続ける，経済的基盤を維持する，周囲との関係を良好に保つ，医療や介護，年金などの制度や技術によってこれを支える，ないし補うといったことが行われるのです。

　さて，そのさい上述したような問題や対策は，医療や福祉，経済など，何らかの区分のうちで捉えられます。たとえば社会学者の小倉康嗣氏が指摘するように，高齢者は年齢によって区別され，前期高齢者については社会参加や生き甲斐が論じられ，後期高齢者は医療と福祉の対象となります（cf. 小倉2012: 54）。けれども一人の人間が生きる老いの現実そのものは，このように区切ることはできません。

　たとえば，足が悪くなって歩くのに支障が出てくると，病院に行って治療を受けますし，悪化すれば車いす生活になり，介護が必要になります。すると車いすを買い，家の中に手すりをつけるなど，いろいろと費用がかかり，経済的問題が出てくるでしょう。それだけではありません。外出をするのが難しくなり，以前のように友達付き合いができなくなる，家にいる時間が増え，家族と関係が悪化する，楽しみがなくなりふさぎ込む，などなど。私たちの生は，老いに限らず，このようにいろんなことが絡み合っていて，どこからどこまでが何というふうに区切ることはできません[5]。

　私たちは老いに対して，専門的・技術的に対処しようとするあまり，一人の人間を細かく分解し，その人が生きている現実そのものが見えなくなっているのではないでしょうか。だから，老いをできるだけ分断，区分せず，そのまま捉えるようにしなければなりません。では，そうした「そのまま」の老いとは，どのようなものなのでしょうか。それはどこにおいて見いだされるのでしょうか――そこで以下，「老い」の意味についてあらためて問うてみることにしましょう。そしてそこから，老いにおける「学び」について考え，そのための重要な場として「対話」について述べていくことにします。

4.2 老いることの意味

「老いる」とは，人間におけるある種の変化です。最近では，そこに付きまとう否定的な意味合いを払拭するために，「加齢」や「エイジング」といった，より中立的な表現が使われることもあります。こうした言葉の変更や専門用語の利用は，学問の世界では必要なこともありますし，偏見を避けたり，見方を変えたりするのにはいいことでしょう。けれども，私たちが生きているのは，学問的世界ではなく，中立性からはしばしばかけ離れた，矛盾も偏見も含んだ生の現実です。

それに否定的なニュアンスを取り除こうとしたところで，動かない体が動くようになるわけでも，悪くなった記憶力がよくなるわけでもありません。何事にも前向きな姿勢でいれば，老いのつらさや悩みがいくぶんでも軽減されることはあるかもしれませんが，それがなくなったりはしません。問題は「前向き」か「後ろ向き」かではないのです。

むしろここで私が注意を喚起したいのは，老いについて，心身の衰えや社会的地位の低下，孤独など否定的に語るにせよ，ときに成熟や寡欲のように肯定的に語るにせよ，それが個人のあり方だという点です。しかもその内実は，人によって違います。いつまでも壮健な人もいるし，引退後も活躍し，より多くの尊敬を集める人もいます。逆に，まだそれほど年を取っていないのに，老け込む人もいます。年を重ねるごとに強欲でわがままになる人もいます。いずれにせよ，それらは個人，すなわち，他者との関係から切り離された個体の特徴です。

このような個人の特徴を医学や生物学，心理学などの学問や，保険や医療の制度において捉えるさいには，各分野で何らかの基準を設定して分類し，その人の老いの程度を測ります。それ以上の個人差は考慮しません。75歳になったら一律に「後期高齢者」と位置づけられ，別の医療制度に組み込まれるのは，その典型です。こうして老いは，特定の観点から標準化された客観的指標にしたがって評価されます。人による違いは，この指標を細かく設定することで規

定されるのです。

　しかしここで老いの個人差の意味，ある人にとって老いがどのようなものなのか，その現実は十分捉えられてはいません。それは個体が多様すぎるから，という理由だけではありません。そもそも，そうした多様な老いがそれぞれ何を意味しているかは，個人だけ見ていてもわからないのです。

　たとえば，一人暮らしなのか，伴侶といっしょなのか，孫も含めた家族も同居しているのか，家族との関係は良好かによって，老いのありさま，体の不自由さ，社会的役割も，まったく違ってきます。一人で暮らしていたとしても，隣近所が無関心な都市のマンションに住んでいるのか，人と人のつながりが密な村に住んでいるのかによって，抱える問題はまったく違います。老いは高齢者だけの問題ではなく，老いの意味も価値も，他者との関係のうちで決まり，その人を取り巻く生活環境によっても大きく変わるのです。老いとは，人生全体がそうであるように，そのようなさまざまな人や物との相互関係の一種なのです。そして，この相互関係は，けっして一般的・客観的に論じられるものではなく，個別に捉えなければなりません。というのも，客観的に見た条件が同じであっても，老人のみならず，周囲の人たちがそれぞれどのようにその条件とそこに生じる人間関係を受け止め，その中でどのような態度を取るかによっても老いの状況は違ってくるからです。このように，生きることが関係性から捉えられるとすれば，老いはどのように特徴づけられるのでしょうか。

　先に「老いる」とはある種の変化だと述べました。成長が「できない」から「できる」への変化だとすれば，老化はその逆，「できる」から「できない」への変化だと言えます。成長にもさまざまな問題がありますが，それでも概して肯定的に捉えられるのは，社会が「できる」ことを基礎としているからでしょう。「できない」状態から「できる」状態への移行は，望ましい変化であり，いろいろ問題はあっても，個人としても社会としても積極的に対処しようとします。逆に，「できない」ことが増えていく老化は，個人の人生の中でも社会のなかでも，十分な位置づけをもたず，否定的な問題として，消極的にやむをえず対処するだけになります。そうなったとき，老いの問題は，個人的にも社会的にも，負担，欠損，不足，障害として現れます。けれども，老いに対して

は、こうした否定的態度をとるしかないのでしょうか。より積極的な態度というのは、不可能でしょうか。

　ここで私が言わんとしているのは、上で述べたポジティヴ・エイジングのような考え方ではありません。すなわち、「できない」という否定的なことではなく、もっと肯定的な面に目を向ければいいのではないか、と言いたいわけではないのです。たしかに老いてもなお「できる」こと、老いてこそ「できる」こともあります。壮健な人であれば、若者以上に元気に働くこともできます。学習意欲も、強制されていないぶん、若者より強い人もいます。だからそのような資質、力を維持し、伸ばしていければ、老いの問題にもうまく対処できるのではないかと考える人も多いでしょう。

　けれどもそれは、「成長」を軸にした今の社会の中で十分受け止められることであり、あらためて「老い」の問題として提起しなければならないことではありません。問題は、そうした社会においては、世の中の基本的な仕組みが「できる」を基準としてできているということです。

　近代社会に限ったことではありませんが、この「できる」の基準（何をどれだけ）は、あらゆることに関して、何らかの仕方で決まっています。そうした社会的な基準が存在することじたいは、いいことでも悪いことでもありません。場合によっては必要なものでしょう。むしろ問題は、私たちがその基準にどれほどの根拠があろうとなかろうと、それに合わせなければならず、合わない人は「できない」ということにされ、排除されていくということです。しかし、この「できない」が実際にどれほど問題なのか、その基準によってある人を判断することがどれほど妥当なのかは、通常問われることはありません。そこで、「できる」「できない」とはどういうことかを、あらためて問う必要が出てくるのです。

　まず言えるのは、上で述べたように、老いた人自身の個人的な能力や特性ではなく、その人を取り巻くさまざまな人や物との関係のうちで「できる」とか「できない」ということの意味や内実が決まるということです。この点をより深く理解するために、脳性麻痺で小児科医でもある熊谷晋一郎氏が、障害者と健常者の違いについて述べていることを参考にしましょう——彼によれば、

「自立」の反対語は「依存」ではありません。人間は物であれ人であれ，いろんなものに依存しなければ生きていけません。健常者は，それをたくさんもっています。たとえば，建物を上がるのにエレベーターでも階段でも梯子でも行けます。しかし車いすの人は，エレベーターしかありません。世の中は健常者に合わせて作られており，依存先がつねにたくさん用意されています。逆に言えば，障害者とは，「依存先が限られてしまっている人たち」なのです（cf. 熊谷 2012）。

このことは「老い」についても言えます。いろいろと「できない」ことが増えていくとしても，それはその人個人の問題なのではありません。「依存先」となるものや人を，周りの人といっしょに見つけたり作ったりしていければ，「できない」ことじたいは，大きな問題ではなくなるかもしれないのです。それは「できない」ことを「できる」ようにすることではありません。「できない」ことをその時々の状況の中で，他者と共に引き受けていくことなのです。

何がどのように「できない」かは，社会・時代・個人によって異なります。社会的・個人的な生活条件が多様である以上，「できる」「できない」も多様なはずです。しかもそれは，老いてゆく本人と周りの人たち自身がどのように相互に関わり合うかによって決まってきます。そうした主体性・当事者性こそが大切なのです。そこでは，誰がどのような立場になるかも，あらかじめ決まっているわけではありません。したがって老いていく人を，世話をする，いたわる，介護するといった「してあげる」対象としての受動的な立場にはじめから置くべきではないのです。それはその時々の状況のなかで決めていけばいいことで，そこでは誰かが絶対的に受動的ということはないからです[7]。次に論じる老いにおける学びで重要なのは，他者と共に生きるうえでのこうした主体性と当事者性なのです。

4.3 老いにおける学び

高齢者の学びというと，生涯学習が話題になることが多いようです。毎年内閣府が出している『高齢社会白書』でも「高齢者の学習」という項目で述べら

れていることの大半は生涯学習であり，対策において課題となっているのは，需要に合わせてどのような機会をどこで提供するか，ということです。さらには，検定試験や修了証の授与など，動機づけや評価のあり方をめぐる議論がなされています[8]。ここから，生涯教育というものが，基本的には学校教育の延長として位置づけられていることがわかります。その理念については，教育基本法で定められていて，「自己の人格を磨き，豊かな人生を送ること」を目的としています[9]。重要なのは，各々の人生の充実であり，そのためにその人自身の人格的資質を高め，知的な能力を維持・改善したり，それぞれが関心のあることを学ぼうというわけです。

　ここでは個人の満足に焦点が当てられているだけで，「共に生きること」はほとんど度外視されています。人格を磨けば，みんなと仲良くやれて充実した人生になるはずだということかもしれませんが，人格を磨くことがどういうことなのかまったくわかりませんし，どういう資質を身につけることが重要なのかもわかりません。市民講座や講演会で新たに学ぶことが，共に生きるということにどのように関わるのかも不明です。

　さらに言うと，生涯学習が学校教育一般の枠組みの中に位置づけられていることから，その理念は，当事者性や主体性の点で，学校教育と同じような問題をはらんでいます。まず，誰かに教えてもらうことで学ぶという点で，まったく受動的です。そして『白書』で課題とされているのは，基本的には，学ぶ機会を提供する場を多くし，内容的に選択肢を増やすことです。そこでは，おそらくアンケートなどで，高齢者の意向も何らかの仕方で反映されるのでしょう。しかし学習者は，あくまで消費者のような受け身な存在であり，与えられたものにどの程度満足しているか，あるいは消費者としてほしい"商品"が何かを言うだけです。

　これと連関することですが，こうした現状では，課題に取り組むのはあくまで社会（自治体や国）であるとされ，学ぶ人である高齢者本人の当事者意識が薄くなります。当事者であれば，何よりもその人自身が，自分がどうするのか，何をしたいのか考え，選んでいいはずです。しかし，そうなってはいません。このようなことは，学校教育において，学びの当事者であるはずの子どもが，

何をどのように学ぶかに関して，何の決定権も選択権もなく，ただ受動的にいきなり教材を渡されて授業を受けているのと，正確に対応しています。日本では，学びの現場において，老いも若きも，"お上"から与えられたものをありがたく享受するか，さもなければ不平を言ったり，拒否できるだけなのです。

　以上は学び一般に関することですが，高齢者の学びとしての生涯学習でもっとも問題なのは，「できない」ことが視野に入っていないということです。むしろ，体力（健康），知力（記憶力，知識）など，「できない」を「できる」にする，もしくは「できる」を維持ないし増進することが重視されています。もちろん個々人が健康で活発なのは，悪いことではありません。けれども，これでは周りの人や物との関係において初めて十分な意味をもつ老いが捉えられませんし，そもそも「できない」ということを個人的にも社会的にも位置づけられません。それは結局，学びを「できない」から「できること」への変化，つまり成長としてのみ認めること，「できる」ことだけを学びの積極的な部分として許容することです。

　むろん，老いも「成長」として捉える立場もあります（たとえば，クリエイティブ・エイジング）。しかし老いに「できなくなる」局面があること，それが老いにとって基本的な事実であることは，否定できません。それを認めることなく成長ばかり論じていれば，「できる」ことに基準を置き，「できない」ことをそこからの逸脱，脱落としてのみ見ることになります。そこでは老い，「できない」ことは，学びから除外され，介護と医療の領域へと追いやられ，専門家や制度によって標準化された枠組みのなかに押し込められるだけになるでしょう。

　では老いにおいて学ぶべきことは何なのでしょうか。それは上で述べた老いの捉え方からおのずと帰結します。すなわち，さまざまな人や物と共に，その関係性のうちで生きていくことです。それは人によって違います。そこでは「できない」ことを「できる」ようにすることだけが大切なのではありません。各々の「できる」と「できない」をその時々の状況のうちで理解し，受け止め，対処すること——これこそが学ぶべきことの基礎でなければならないのです。

　老いの形が人によって，時と場合によって異なる以上，一般論として市民講

座や講演会で誰かから教えてもらうことはできません。各々が他者と共に生きている限り，自ら学ぶ，他者と共に学ぶことだけができるのです。その他者は，家族のこともあれば，近所の人，友人の場合もあるでしょう。体が不自由だったり病んでいれば，介護する人，看護する人もそこに加わります。自ら学ぶとは，さまざまな老いについて，老いている本人，周囲の人それぞれが自ら考えることです。何か問題があれば，それが何であり，どのように対処すべきか，誰か他の人が代わって考えるのではなく，各人がそれぞれの立場から自ら考えることが大切なのです。それが当事者として主体的に関わるということです。

学びにおける当事者性，主体性というのは，上で述べたように，日本の社会において，きわめて稀です。したがって，学ぶべきは，共に生きる中で老いを自らの問題として引き受け，主体的に関わっていくことだと言えます。ではこのように，共同での当事者性，主体性はどのように学びうるのでしょうか。そのための有効な方法の一つが「対話」です。

4.4 哲学対話と学びの共同性

2013年以来，私は東京大学駒場キャンパスにある「共生のための国際哲学研究センター（UTCP）」で「Philosophy for Everyone（哲学をすべての人に）」というプロジェクトを進めてきました。これは「子どものための哲学（Philosophy for Children）」の中心的手法となっている「哲学対話」を，子どものみならず，その名のとおり，あらゆる人に開いていくプロジェクトです。そしてこれまで，大学のキャンパスでイベントとして行う以外にも，学校や都市の地域コミュニティ，農村など，さまざまな場で，いろいろな人たちとともに哲学対話を実践してきました。

ここで言う「哲学」は，いわゆる大学で専門分野の一つとして学ぶような，文献を読んで一人一人が思索を深めていくものとは大きく異なります。また「対話」とは，議論や話し合いと違って，誰が正しく，誰が間違っているかをはっきりさせたり，何か結論を出すわけでもありません。哲学対話で大切なのは，お互いに問い，語り，聞きながら，他者と共に思考することです。そうや

って物事や相互の理解を深めたり，違った視点から考えたり，背景や前提を探るのです。

その特徴をさらに詳しく知るためには，哲学対話のルールを見るのがいいと思います。それは以下のようなものです。

① 何を言ってもいい。
② 否定的な発言はしない。
③ 発言せずに，ただ聞いて考えているだけでもいい。
④ お互いに問いかける。
⑤ 誰かが言ったことや本に書いてあることではなく，自分の経験から話す。
⑥ 結論が出なくても，話がまとまらなくてもいい。
⑦ わからなくなってもいい。

ここで重要なのは「発言と思考の自由」と，それを支える「知的安心感」，「参加者の多様性」です。

まず「発言と思考の自由」に関わるのは，ルール①「何を言ってもいい」です。すなわち，どんな問いであれ思いであれ，言うことが許されて初めて，私たちは自由に考えることができる，ということです。

私はこれまで，さまざまな場所で対話をしてきましたが，世の中で本当に「何を言ってもいい」場というのは，ほとんどありません。特に学びの場であるはずの学校においてはそうです。そこでは，先生の意に沿うこと，すなわち正しいこと，いいこと，その場にふさわしいことを言うように教えられます。先生の意に沿わない間違ったこと，悪いこと，関係のないことを言えば，注意され，怒られ，笑われ，否定され，あるいは無視されます。最終的には何であれ「わかりました」と言うことが良しとされるのです。

しかしそうやって自らの疑問を押し殺し，外にある枠組みに自分をはめ込むことで，子どもたちは考えないように習慣づけられていきます。それに反発する子もいますが，正しいこと，いいこと，先生の気に入りそうなことの基準は同じで，それに反発しているだけで，そこに自由はないのです。

日本の学校教育に特徴的な「教えられることを身につける」という受動的な学びは、「生涯教育」に至るまで、多かれ少なかれこのような性格をもっています。それは結局、発言と思考の自由を許容しないものであり、この特徴は社会人になってからも同じか、むしろ強化されます。

　親密な間柄であれば、何でも話せるかというと、そうでもありません。長く続いている関係では、役割が固定していて、自分らしくない発言はできません。今さら聞けないこともあります。相手のことを思って、言わないこともあるでしょう。そうした配慮じたいは悪いわけではなく、他人とともに生きていくうえで必要なことでもあります。しかし「何を言ってもいい」わけではないことには変わりないのです。

　次に「知的安心感」と関連するのが、ルール②「否定的な発言をしない」であり、これが「何を言ってもいい」ことを保証します。私たちはしばしば、自分の発言が人から否定されるのではないか、受け止めてもらえないのではないかという不安から、言いたいことを言いません。逆に否定されないとわかっていれば、安心してどんなことでも言えるし、考えられます。ルール③「発言せずに、ただ聞いているだけでもいい」も、安心感につながります。私たちは、発言を強いられることもよくあります。それでいて何か言えば、否定されたり、ちゃんと聞いてもらえなかったりします。実際には、発言しない自由がなければ、発言する自由もないのです。

　こうした「安心感」をたんなる気楽さと区別し、「知的安心感」にするのが、ルール④「お互いに問いかける」です。これにより対話は哲学的になり、共同の探求となります。これは言い換えれば、疑問に思ったら「なぜ？」「どういうこと？」「たとえば？」「本当？」と聞いていいということです。たんに安心して気楽に話ができるということなら、酒やお茶でも飲みながらおしゃべりすればいいでしょう。しかしそのような場で探求はできません。「なぜ？」「どういうこと？」などと聞いていたら、詮索しているか、突っかかっているみたいで、相手は不愉快に思うでしょう。哲学対話では、そうした問いかけが安心してできるのであり、これが「知的安心感」なのです。

　次のルール⑤「誰かが言ったことや本に書いてあることではなく、自分の経

験に即して話す」は，参加者が対等に話すのを可能にします。他の人の意見や本に書いてあること，つまり外から仕入れた知識は，権威づけに使われます。そうすると，知識が多い人ほど有利になり，話すべき人と聞くべき人に分かれてしまい，自由な発言ができなくなります。しかし自分自身の経験から出発すれば，年齢や教育，職業にかかわらず，それは経験という点で優劣がつけられないため，対等に言いたいことが言えます。しかも自分の経験と結びつけて話をすることが，当事者として物事を考えることを可能にします。

誰もが自分の人生の当事者なのです。にもかかわらず，私たちは自分の問題を人に考えてもらったり，他人の判断や社会が決めた基準に従って自分を理解しようとします。哲学対話においては，自分の問題を自分事として考えます。そしてそれを自分の言葉で語るのです。それは，ささやかではあっても，自分の人生を取り戻すことに他なりません。自分の言葉を獲得すると，人間は自由になれるし，自分で自分の人生に責任が負えるようになるのです。

ルール⑥「結論が出なくても，話がまとまらなくてもいい」は，哲学的な問いには，明確な結論はないので当然でしょう。けれどもそれだけでなく，私たちはしばしば結論を出したり，話をまとめようとして，言いたいこと，聞きたいことを聞かないのです。あるいは，話がまとまらないと，落ち着かない人も多いでしょう。だから，そのような配慮をしないことで，「何を言ってもいい」場が可能になるし，安心して考え，語ることができるのです。

また最後のルール⑦「わからなくなってもいい」ですが，お互いに問い，探求をしていくと，自分の前提が疑わしくなり，これまでわかっていたと思っていたことが分からなくなることがあります。それは，けっして悪いことではなく，理解が深まったことを意味します。学校教育のなかでは，「わかるようになる」ことが求められ，目標とされるため，わからなくなると，私たちは不安になります。しかし哲学対話では，「わからなくなる」のはむしろいいことなのです。だからこれも明記しておかないと，「知的安心感」が確保されないし，逆にはっきりそう伝えることで，安心して探求ができるのです。

以上のような哲学対話では，「参加者の多様性」がきわめて重要です。通常私たちは，同じような境遇，立場の人で話したほうが，深い話ができると思い

がちです。とはいえそれは，専門用語や内輪の言葉を使って，効率よく話をしているだけで，深いとしても，特定の視点から狭いところを掘り下げているにすぎません。しかも，そのような場では，知識が豊富な人の発言力が強くなり，皆が対等に何でも話していい自由がありません。

　またそこでは，基本的な前提が問われないため，合意に達しやすくなります。そのため生産的であるような印象まで与えるのですが，実際のところ限定的な結論が出ているだけで，根本的に新しい着想は出にくいのです。他方，参加者の年齢，職業，性別，学歴などが多様であればあるほど，考えていること，感じていることの前提がそれぞれ異なっています。そして上記のように，自分の経験に基づいて話をすることで，お互いに対等な立場で，各自がもっている暗黙の前提におのずと目が向き，考えなおすことになります。

　このように当たり前だと思っていることを問うこと，これがまさに哲学なのです。さらに問い，語り，聞きながら，他者と共に考える対話では，お互いを認め合う，相互承認が自ずと起こります。しかもそれは同じであることによる承認ではなく，異なる人たちどうしが，お互いの違いを違うからこそ認め合うのです。「自分の存在を認めてもらえた」「自分が存在していいと感じた」という感想は，哲学対話のイベントでしばしば聞かれる感想です。

　このことは，老いにおける学びにおいて，とりわけ重要です。老いの問題は，「できる」から「できない」への変化に深く根ざしています。すでに述べたように，成長と「できる」を基本とする社会では，この変化を十分に受け止められず，「できない」は許容されません。これを，心身の衰えや社会的地位の低下のような個人レベルでの変化として見るのではなく，それぞれの人が他者と共に生きることから捉え直さなければなりません。それは，さまざまな意味での「できる」と「できない」の差異を認め合うことです。このことは，老いの領域においては，家族との間で，介護者との間で，より社会的にはより若い世代（老老介護に見られるように，高齢者の間でも世代間の問題がある）との間で，しばしば起きる対立や齟齬を緩和するのに必要です。そのために対話による共同の学びは，きわめて重要な場となるでしょう。

　もう一つ，対話による学びには大きな利点があります。それは，いっしょに

問い，考えることは，とにかく楽しく心地いいということです。これまでさまざまなところで哲学対話をしてきてよく思うのですが，誰もが話すこと，聞くこと，考えることで，普段では味わえない充実感，幸福感，解放感を味わっているようです。福島の郡山で行った対話で，ある70歳をすぎた女性が「こんな幸せを感じたのは人生ではじめてだ」と言っていました。現在多摩ニュータウンの百草団地で行っている高齢者の寄合所では，そこに普段から出入りしている人たちと，若い人が数人混じって，1ヵ月に一度対話の場を作っていますが，そこでもみな，ときに難しい顔をして考えながらも，一様に生き生きと語っています。

　上で相互承認について書きましたが，みんな自分を認めてほしいのです。それが互いに満たされると，相手をそのまま受け入れられます。しかもそれは，何も言わずただ黙認するのではなく，お互いに問い，考え，理解し合うことではじめて可能になるのです。考えることが楽しい，疑問をもつのが楽しい，好奇心がふくらみ，いろんな物事，周りの人々のことを知りたいと思う——しかも他者とともに。それが学びの基本ではないでしょうか。

4.5　老いも若きも

　老いという「できる」から「できない」への変化を受け止めること——それは，「できない」から「できる」への成長を主軸とするこれまでの社会の中で，ほとんどなされてきませんでした。だからそうすることは，社会の価値観の根本的な変革となるはずです。こうしたこれまでの社会のあり方を根底から揺さぶり，再考を迫る老いの力を，哲学者の鷲田清一氏は「老いの破壊性」と呼んでいます（cf. 鷲田 2015: 86, 104）。

　したがって老いに関しては，医療や介護，学習など，表面に現れた個別の問題だけではなく，私たちが依って立つ土台になっている暗黙の前提を問い直さなければなりません。そこには，哲学的に問わなければならないこと，哲学的にしか問えないことがたくさん潜んでいます。たとえば，それは次のような問いです。

・できないことはなぜ「できない」とされるのか
・できないことがなぜいけないのか
・できなくなることでできるようになることはないか
・できないからいいことはないか
・できないことが問題にならない状態はどのようなものか
・できないままでいいということはないか

　これらの問いは，老いの問題がそうであるように，個別事例にそくして考え，各自の問題として考えなければなりません。一般的な答えはどこかにあるかもしれませんが，それは個々人が主体的に問い，考えることからしか得られないでしょうし，そこから語らなければ，役に立たない一般論にしかなりません。
　このような考え方に対しては，それは結局老いた人の問題ではないか，若い人がそれに付き合う必要はどこにあるのか，という意見もあるでしょう。けれども先にも述べたように，若いうちにせよ，老いてからにせよ，私たちは共に生きることで，何かができたりできなかったりするのです。力が足りなければ，誰かに助けてもらいます。それで「できる」。助けてくれる人がいなければ，「できない」わけです。
　私たちの社会は，実はいたるところで「できない」があふれています。にもかかわらず，「できる」ようになることを目標としているため，「できない」のは過渡期であるか，脱落，逸脱であるかのいずれかと見なされます。しかし今日私たちは，障害や病いなど，さまざまな困難をもって，人よりも多くの「できない」を抱えている人とも，いっしょに生きていこうとしています。また若者でも，非正規雇用で安定せず，あるいは就職そのものができない人がいます。そうして退職した高齢者以上に苦しい立場に置かれて，「できる」から遠ざけられている人も多いのです。
　そういう人たちでも，新たに作られる関係性によっては，「できる」ようになるかもしれません。しかしどうしても「できない」こともあるでしょう。そんなときには，本人も周りの人も「できない」ままでいっしょに受け入れられれば，やがてそれは問題ではなくなるかもしれません。ただしそのさい，強い

立場の人たちが弱い立場の人に援助の手を差し伸べるとか，親切心にせよ，何か「やってあげる」ということではなく，できる限り対等（どちらが利益を得ているとか，どちらが負担しているという関係ではなく）でなければなりません。そうでなければ，結局「できない」をきちんと受け入れ，位置づけたことにはなりません。「できない」こと，その苦労を取り除くのではなく，むしろその苦労を本人にきちんと返す，本人が苦労の主人公たりうるようにしなければならないのです。[10]

そういう意味で言えば，「老い」の問題は，老いの文脈だけに関わっているのではありません。まして老いた人だけに関わるのでもありません。それは人生のより広い局面に関わってきます。いろいろな立場の「できない」と向き合い，受け止めることで，来たるべき社会を構想し，作っていくのに必要な糧をたくさん見つけることができるのです。高齢者にとって生きやすい社会を作れれば，普通の人にとっても生きやすい社会を作ることにつながるでしょう。障害にせよ失業にせよ，何らかの理由で「できない」状態になることが，けっして脱落や排除につながるのではなく，位置づけは変わっても，しっかり社会の中にとどまれる，いわば，安心して「できない」人になれるのです。このように「老い」は，哲学的に掘り下げ，破壊的になることで，そのさきに創造性を開いてくれるのです。

注

1）ただし現在のところ，内閣府『平成27年度高齢社会白書』「高齢化の状況及び高齢社会対策の実施状況」によると，経済的な見通しについては，60歳以上の7割が心配ない，80歳以上は8割が心配ないと答えている（内閣府 2015: 15）。

2）社会学者の小倉康嗣は，こうした現代の老いの様相を「エイジングの発見」と呼び（小倉 2012: 57f.），また天田城介は「再帰的エイジング」と名づけている（天田 2007: 53, 100）。

3）上野（1986）129頁以下を参照。注の2）で挙げた小倉や天田もおおむね同様の立場を取っている。

4）このように肯定的な側面を強調しようとする老いの捉え方は「サクセスフル・エイジング」や「ポジティヴ・エイジング」と呼ばれる（堀（2012）第1章，4頁以

下参照)。
5) 小倉もまた，老いを「自然的プロセス」として「トータルに理解」し，肯定しようとする (cf. 小倉 2012: 54)。彼の言う「自然」とは，親鸞の「自然法爾（じねんほうに）」，すなわち「人間もそこに含み込まれた「おのずから」自生する生成作用ないし内発性として自然をとらえていく見方」であり，そのためには「老い衰えていく自分の葛藤や挫折，ままならなさの経験」を積極的に受け止め，「新たな自己と社会の源泉として捉え直す姿勢」（小倉 2012: 69）が必要だという。問題は，そのような「自然的プロセス」としての老いをどのように捉えるかである。
6) 天田城介も，他者との関係を含めて老いを捉えようとしている――「老い衰えてゆく当事者の身体に帰属・完結する個別的な現象として理解するのではなく，成員間の関係性を変容させる出来事として照射し，そこでの相互作用及び相互作用過程を社会学的に分析・記述することを主題とする」（天田 2007: 4)。ただし天田の場合，質的研究を実地に行う関係上，介護者と被介護者の関係に限定して考察している。それは緻密ではあるが，そこで得られた知見を必要以上に一般化して老いを捉える傾向がある。
7) 哲学者の鷲田清一氏も以下のように述べている――「支援しなければならないひととして見ることが，「病む」ひとたちの生きづらさを余計に生み出す。ケアを受けるひととして，「病む」ひとを受動的な存在に押し込めてしまうからだ。「してあげる」ひとであることの可能性を奪い，「してもらう」ひととしてのあり方に閉じ込めてしまうからだ。」（鷲田 2015: 144）
8) 内閣府『高齢社会白書』「高齢化の状況及び高齢社会対策の実施状況」36頁，96頁以下，および「高齢社会対策」14頁を参照。
9) 生涯学習の理念の全文は以下の通り「国民一人一人が，自己の人格を磨き，豊かな人生を送ることができるよう，その生涯にわたって，あらゆる機会に，あらゆる場所において学習することができ，その成果を適切に生かすことのできる社会の実現が図られなければならない。」（文部科学省HP「教育基本法（条文）」）
10) 「苦労を取り戻す」とは，北海道浦河にある統合失調症患者の共同活動拠点「べてるの家」で当事者研究を行っている向谷地生良氏の言葉である。彼によれば，精神障害をもった患者は，当たり前の苦労を奪われた人であり，彼らに生きていく苦労を返すことが，彼らを生かすことになる (cf. 浦河べてるの家 2002: 43f.)。

参考文献

天田城介（2007）『〈老い衰えゆくこと〉の社会学』多賀出版。

上野千鶴子（1986）「老人問題と老後問題の落差」『老いの発見2 老いのパラダイム』岩波書店：111-138。

浦河べてるの家（2002）『べてるの家の「非」援助論――そのままでいいと思えるための25章』医学書院。

小倉康嗣（2012）「現代社会と生成的エイジング――再帰性の深みへ」，堀薫夫編『教育老年学と高齢者学習』第2章，学文社：54-79。

熊谷晋一郎（2012）「TOKYO 人権 第56号」（平成24年11月27日発行）インタビュー「自立は，依存先を増やすこと 希望は，絶望を分かち合うこと」。

内閣府（2015）『高齢社会白書』。

堀薫夫（2012）「教育老年学におけるエイジングと高齢者学習の理論」堀薫夫編『教育老年学と高齢者学習』第1章，学文社：1-53。

三宅酒壺洞編著（1979）『仙厓語録』文研出版。

鷲田清一（2015）『老いの空白』岩波書店。

第5章
がんと生きる

岩瀬　哲

5.1　がんと生きる

「がん」という病気と「生きる」ということを考えたとき，思い起こされる番組があります。タイトルは忘れました。その番組はがん患者のドキュメンタリーでした。サバイバーと呼ばれる人たちの闘病物語のような作りでした。番組は3名の病歴を順番に紹介していくところから始まり，最後は3名の雑談会となって，司会者が一人一人に「がんの経験から得られた教訓は何か」と質問して番組は3名のサバイバーのコメントで締めくくられました。3名のサバイバーの語る想いのたけを私は詳細には覚えていないのですが，その内容はどれも禅語を借りて言うと「日日是好日」でありました。誰が作った番組なのかも判らないのですが，「大変な経験をして生還した人」「その人の語る重い言葉」を視聴者に伝えたいという製作者の意図が伝わってきました。しかし，放送局にとっては，がん患者も商品なのかと気分が悪くなりました（よい番組と捉えたひとはそれで良いと思う）。

人の貴重な経験を知り，その教訓を有り難く聞こうという考え自体は否定しません。が，「日日是好日」と言ったサバイバーの教訓は果たして，「がん」という病気で得られる特異的なものなのでしょうか。死を意識したからこそ，サバイバーは「日日是好日」と実感されたのではないのか，と私は思います。人には寿命がある。知っていて，考えないようにしている人が多いと私は感じます。私は私自身が脳梗塞を起こしたときに，死を予感しました。そして，現場に復帰したときの感想はまさに，「日日是好日」でした。つまり，TV番組で

強調された「がんになって知りえる教訓」とは，がんという経験が教えてくれるのではなく，人には寿命があるという現実を実感した人が知りえる教訓だと私は思います。

　ある年の年度末。そのバタバタの最中に，私が医療監修（主に科学根拠をチェック）した子供向け「がん情報企画（すごろく）」に対して，患者団体からリセットしてほしいという要望が出たと連絡を受けました。関係者には真摯に対応するようにお願いしたのですが，ここでも私は「がん」そのものではなく，人には寿命があるという事実を教育の中でどのように扱うかという，日本人の死生観の問題を感じました。子どもたちに死亡数第1位の病気について教えることには誰も反対しないと思います。しかしながら，私の身近なある人が，「親をがんで亡くした子どもに，がんの話をして良いと思っているのか」というような指摘をされていました。私は児童教育者の意見が聞きたい。「がん」は明るく伝えてはイケないのか。家族を「がん」で失った子どもに「がん」を思い出させてはイケないのか。私は日常診療の中で，がん患者に相手（がん）をよく知って向かい合うよう奨めることが多いのですが（ケース・バイ・ケース），子どもの教育において，このような概念は禁忌なのだろうか。どんな伝え方が子どもに適しているのか，誰か私に助言してほしい。それはきっと大人にも，がんの治療現場でも大いに参考になるに違いない。

　7年前，私は妹を先に見送りました。妹は白血病でした。私の2人の子どもは当時，小学生と幼稚園児でした。1年間，加療で入院していた妹を子どもと一緒に何度も見舞いました。妹がGVHD（移植片対宿主病－免疫反応に関連する合併症）で苦しんでいたときも連れて行きました。せん妄状態になり，話せなくなった妹にも会わせました。棺の中に入った妹にも触れさせました。のちのち私の子どもたちは，なぜ父より若い叔母が先に逝ったか知りたがりました。わが家で妹の話がタブーになったことは一度もありません。妹の闘病中，そして，妹が逝ってしまってから，私は子どもと一緒に泣いたし，一緒に笑いもしました。

　さて，「がん」と言えば「闘病」，そして，「ホスピス」を連想する方が多いのではないでしょうか。そして，ホスピスというところは，決してイメージが

良くない。そのホスピスに対する私のイメージを紹介します。きっと，多くの方にとって，予想外のイメージになると思います。

どのホスピスにも入床基準なるものが存在することをご存知でしょうか。私は自分の診ている「がん患者さん」を何人もホスピスに紹介してきましたが，たいていが入床基準を満たすことができず，私はある年から積極的な紹介をやめてしまいました。「紹介数が少ないのでは？」という反論には，「私の所属する緩和ケアチームからの年間依頼件数は500件を超えていた」と答えます。ではなぜ，このような現象が起こるのか，説明したいと思います。がんの患者さんは，自分を治療してくれた医師を生涯の主治医にしたいと考える人が多いように見えます。「当然のことだ」と言われると思うが，多くの急性期病院が導入している「DPCによる定額支払い制度」はこの概念を否定しています。私の勤めていた急性期病院もDPC（Diagnosis Procedure Combination：診断群分類）という評価方法を用いた定額支払い制度を導入していたのですが，そのDPCには「疼痛」をはじめ，緩和ケアの対象となる苦痛は診断名として挙がっていません。つまり，緩和ケア目的の入院はDPC上「無い」のです。また，緩和ケアを目的に入院する患者さんの多くは長期入院が必要となりますが，定額支払い制度を導入する施設での長期入院は当然，難しくなります。

DPC制度は，回復への最短治療が行われるように導入された制度であり，従来の診療では採算割れしてきた急性期病院を救う制度なのです。したがって，本制度を導入した施設にとっては，慢性期の患者さんを長く入院させると採算割れすることになります。つまり，がん治療の適応のない患者さんにとってDPCを導入した病院は利用しづらい仕組みになっているのです。

そして，いま私は「がん治療の適応」と簡単に言いましたが，「がん」が再発・転移した患者さんに治療の適応（意味）が有るか無いかを判断することは，実は簡単ではありません。いつ治療の適応がないと判断されるのか——科学的な根拠はまだ確立していません。そして，がん治療の適応が明らかに無い場合でも，体調が自然に回復して，再び治療の適応があると判断されることもあります。それではいつ，がんの患者さんはホスピス入床基準の「癌治療の適応がない」「癌治療を希望しない」を満たすのでしょうか？　後者は患者さんの考

え方なので，基準を満たすケースがあります。わが国のホスピスは絶対数が少ないので，ホスピスはそのような患者さんでいつも満床になっています。しかし，多くの再発／転移性がんの患者さんは「可能な限り治療を受けたい」と考え，家族も「可能なら治療を受けてほしい」と思っているので，加療を期待する患者さんと家族は，ホスピスの面談という試験に落ちてしまうことになります。これで良いのでしょうか。私は医療倫理上の大きな問題があると考えますが，これが問題として取り上げられているようには見えません。医療倫理なるものは古い時代からあまり変わらないと考えます。

　ヒポクラテスの誓いは現在，ジュネーブ宣言として1948年に世界医師会が医療者の倫理的精神を現代化・公式化する形で残っています。その中で「医療専門職の一人として，患者の信条などで，自分の職務と患者との間に干渉することを許さない」と謳う一文があります。医師は「可能なら癌治療を受けたい」と思う患者さんの考えを尊重すべきで，それを理由に診察を拒否することはジュネーブ宣言に反すると思われます。医学の専門が細分化する現代，医療施設によって違う機能を持たせる政策自体は合理的だと考えられます。しかし，そのように役割分担させるなら，同時に国民には医療施設の役割（機能）が分担されていることをもっとアナウンスするべきです。そして，一人のがん患者さんに必要な機能をもつ施設（がん治療病院，一般病院，ホスピス，在宅医療）を，がん患者さんと家族がスムースに移行できるようなシステムを構築する必要があります。行政が構築／管理できないのなら，NPOに任せるという発想は非現実的でしょうか。

　オーストラリアに留学した後輩の土産話を紹介します。オーストラリアでは，がん患者さんの医療環境の調節を行政が担当しており，わが国のように施設間で「転院の交渉」は行われないようです。オーストラリアでは，がん治療病院が「Acute（急性期）」，ホスピスが「Subacute（亜急性期）」，在宅医療が「Stable（安定期）」という概念になっています。そして，がん治療病院に入院した再発・転移性がんの患者さんはsubacuteのホスピスにステップ・ダウンしてから，在宅を目指すそうです。また，在宅で調子が悪くなった患者さんは，subacuteのホスピスに火急的に入院が可能で，これらを行政が管理します。

そして，緩和ケアチームが Acute 施設 –Subacute 施設 –Comunity を回診するという。なんと素晴らしいシステムでしょう。わが国でも医療施設間の垣根をとっぱらい，患者さんと家族の情報を連携する施設が共有できるようにして，一方通行でない施設‐施設‐在宅医療の連携ができないものでしょうか。ホスピスの入床基準も急性期病院の保健上のしばりも無くし，がん患者さんと家族に「施設連携」こそが質の高いがん医療になるとアナウンスして支援して行かなければ，急性期病院もホスピスもジュネーブ宣言に反する医療施設になってしまいます。

　誰のための医療か，がん治療医と緩和ケア医は原点に帰り，行政と話し合っていくべきだと考えます。ジュネーブ宣言を紹介します。貴方の主治医はジュネーブ宣言を守る医師かどうか確認してみるとよいかもしれません。

ジュネーブ宣言

　医療専門職の一員としての任を得るにあたり，
* 私は，人類への貢献に自らの人生を捧げることを厳粛に誓う。
* 私は，私の恩師たちへ，彼らが当然受くべき尊敬と感謝の念を捧げる。
* 私は，良心と尊厳とをもって，自らの職務を実践する。
* 私の患者の健康を，私の第一の関心事項とする。
* 私は，たとえ患者が亡くなった後であろうと，信頼され打ち明けられた秘密を尊重する。
* 私は，全身全霊をかけて，医療専門職の名誉と高貴なる伝統を堅持する。
* 私の同僚たちを，私の兄弟姉妹とする。
* 私は，年齢，疾患や障害，信条，民族的起源，性別，国籍，所属政治団体，人種，性的指向，社会的地位，その他いかなる他の要因の斟酌であっても，私の職務と私の患者との間に干渉することを許さない。
* 私は，人命を最大限尊重し続ける。
* 私は，たとえ脅迫の下であっても，人権や市民の自由を侵害するために私の医学的知識を使用しない。
* 私は，自由意思のもと私の名誉をかけて，厳粛にこれらのことを誓約する。

5.2　緩和ケアとは何か

　ある新聞社の友人記者に「緩和ケアを取材してきたが，緩和ケアがどんな医療がよくわからない」と言われたことがあります。WHOは緩和ケア――Palliative Care――を次のように定義しています。

　　Palliative care is an approach that improves the quality of life of patients and their families facing the problems associated with life-threatening illness, through the preventions and relief of suffering by means of early identification and impeccable assessment and treatment of pain and other problems, physical, psychological and spiritual.

　確かに抽象的でよくわからない。ある教科書にはもう少し具体的に，

　　Palliative care will enhance quality of life, and may also positivity influence the course of illness. Palliative care is applicable early in the course of illness, in conjunction with other therapies that intended to prolong life such as chemotherapy or radiation therapy, and includes those investigations needed to better understand and manage distressing clinical complications.

と書いてあります。しかし，日本語に上手く訳してもピンと来ない気がする。そこで私は，友人記者に『赤ひげ診療譚』を読めば良いとアドバイスしました。私はまだ現代医学版の緩和ケア小説に出会っていなかったからです。私はがん医療をテーマにしたドラマや映画の医療学監修をしたことがあるのですが，緩和ケアはありませんでした。手術，抗がん剤，そして，がんの進行が設定されていたのですが，緩和ケアはないのです。緩和ケアはいつの時代も，病気があれば必要とされる医療。臨床医，看護師，薬剤師，心理士も，病気の専門医療と緩和ケアを提供するべきだと考えます。そして，緩和ケアは，わざわざ分類するような医療ではないと思います。ただし，緩和ケアが患者さんに家族に提

供されているかどうか，見張り役は必要かも知れません。少なくとも，外科学や内科学と並べて分類する医学ではありません。緩和ケアを提供するには，まず医療環境や医療資源を考えねばなりません。「病気を対象にする医学」と「人を対象にする医学」の違いと言えるかもしれない。「標準治療を提供する医療」と「個々に合わせて提供される医療」は表裏一体であり，区別する方がおかしい。が，現代はわざわざ区別して取り上げないとイケない時代なのかも知れません。

私ははじめ，『赤ひげ診療譚』を執筆した山本周五郎を医者かと思ってしまった。ところが，文庫本の作者紹介をみると，小卒で東京木挽町の山本周五郎商店に徒弟として住み込んだと書いてある。詳しく調べてみると，本名は清水三十六（さとむ）。文壇出世作も本名で書いていたが，『文藝春秋』の手違いで山本周五郎として発表されてしまったそうです。つまり，住所が山本周五郎（方）の清水三十六だったので，事務局が清水三十六を見落としてしまったのです。そして，その後の筆名を山本周五郎にしてしまったというから面白い。清水三十六は山本周五郎という店主を父親のように慕っていたと言います。『赤ひげ診療譚』は清水三十六が55歳のときの作品で，清水は20代前半の文学青年時分（大正末期）に日比谷の図書館に通っては資料をあさり，医学専門誌を毎月愛読していたそうです。私はこの情報を得て初めて納得した訳ですが，物語ほど医療を伝えるよい手段はないと気がつきました。定義など聞いてもわからなくて当然だと思う。小説の嫌いな人は黒澤明監督の映画『赤ひげ』を見れば良い。それにしても，最近はがん医療を題材にした小説が多々ありますが，肝心なことを伝えている作品は少ないと感じるばかりです。

登山家は山に登る理由を聞かれたら，「そこに山があるから」と答えると言います。同じように，「そこにがんがあるから」と局所治療（手術）を考えたり，全身治療（抗がん剤治療）に患者さんを迷わず誘導する臨床家（医師）が居るのですが，根治性のない治療を提供するのであれば，何が治療の目的なのか考え直した方が良いと思います。登山家は自分のために山に登るが，臨床家は自分のために医療を提供するのではありません。また，根治性がないからと局所治療や全身治療を否定する医師もしかり。疼痛治療をはじめ，苦痛を取る

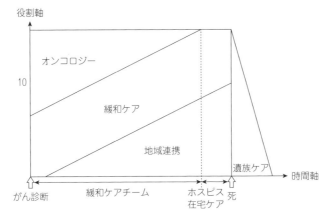

図 5-1　がん患者と家族に必要な医療の概念図
(出典) Iwase (2012).

のは確かに医師の仕事ですが（この専門家を緩和ケア医と呼ぶ），局所治療や全身治療が苦痛緩和に役立つことが多々あります。わが国には Palliative Chemotherapy（緩和的化学療法）という概念がないのですが，Oxford の *Palliative Medicine* という成書には詳しく紹介されています。偏り（バイアス）は良質で安全な治療の妨げになると私は考えます。腫瘍学（oncology）と緩和医療学（palliative medicine）はヒトが勝手に分けて学問と呼んでいるだけで，腫瘍が引き起こす体の不具合は，どちらか一方の学問によって最もよい医療が提供されるものではないと考えます。

ところが，わが国のオンコロジストに緩和ケアを学ぶ医師は少なく，緩和ケア医はそれ以上にオンコロジーを学ばないように見えます。もちろん，これは教育制度の上の問題が一番大きいのですが，緩和ケアは「がん臨床の基礎」だと思います。これを概念図にしたものが図5-1です。ぜひ参照されたい。

ヒトが知っていて，知らないこと。たとえば，ヒトはいつか死ぬこと。ヒトには寿命があること。これはヒトが知っていて，考えないようにしていることではないでしょうか。私はがん医療の現場で働いているので，「死の否認」によく遭遇します。そして，その不具合を目の当たりにすることがあります。がん患者さんには体調を悪くしているだけの抗がん剤を受け続けるヒトがいるし，

それに何の疑問ももたずに提供する医師が居ます。

「死の否認」は本能と思われ，私はむやみにメメント・モリ（死を想え）とは言いませんが，ヒトのご先祖様が永い間，500万年ぐらいアフリカのサバンナで暮らしていたことは知っておいた方がよいと考えます。ヒトのご先祖様たちがアフリカのサバンナを出て，世界中に散らばっていったのは約7万年前だといいます。するとヒトを時系列でみると，7万年前は最近の話になります（7/500だから）。

5.3 進化医学

500万年という時間の流れを実感するのは難しい。7万年だって気が遠くなりそうですが，リチャード・ドーキンスの手法を用いると実感することができます。東京から京都までは約500km ある。これを500万年と見立てます。すると，いま私の立っている東京の白金台から，京都へ1km 先の地点が1万年前となります。200m 先が2000年前——これは見える範囲です。足元から10cm 先が1年前となる。現代人に歩いて東京から京都に行った人は少ないと思いますが，東京から京都まで，どのくらい離れているか，車で移動したり，新幹線の窓を覗きながら移動したことのある人ならわかると思います。我々はいま人工物に囲まれて，少なくともわが国では餓える心配もなく，比較的安全に暮らしています。病気以外のことで生き延びることができるかどうか，心配している人は少ないと思います。しかし，その当たり前の暮らしが，ヒトの歴史を考えると，つい最近のことになります。ヒトは永い間サバンナにいて，そのサバンナでさまざまな「形質」を身に付けたのです。ヒトは脂肪・糖分が大好き，塩分も好き。これらが常に不足していた環境（サバンナ）では，すこぶる道理にかなう「形質」と言えます。「私は甘いのが苦手」と反論する人は，…私は進化の話をしているので，個人の嗜好の話だと思った人は本章を読んでも面白くありません。進化は環境の変化よりも遥かに遅いのです。このような目線，進化の目線でヒトを診る学問を「進化医学」と言います。

ヒトがサバンナで暮らしていたとき，ヒトの集団は大きくても100人くらい

の規模だったと推測されています。その中でヒトは利他性，互恵性を生き残るための形質として獲得しました。これらが我々の本能であるならば，ヒトの患者と家族が欲して，ヒトの医師が意味のない抗がん剤を提供したり，終末期になっても輸液を提供する理由が理解できます。要は，食いっぱぐれて洞穴に戻ってきた仲間に，自分の吸ってきた動物の血を口移しに与えてやる「血吸いコウモリ」と同じなのです。乱暴な考えだと言われそうですが，ヒトだけ生物から切り離して，特別のものと考える方が乱暴だと私は思います。他の生物の進化と同様にヒトの進化も考えて，我々は病気と向き合った方がよいのではないかと思うのです。

　1993年にマージー・プロフェットという生物学者が「つわりの進化論」という論文を発表しました。彼女は「つわり」の重い妊婦と「つわり」の軽い妊婦の流産の比率を調べたのですが，「つわり」の重い妊婦の方が圧倒的に流産の比率が低いことが判りました。「つわり」は胎児が主要器官を発達させる，毒にいちばん弱い時期に一致して起こるため，彼女は「つわり」を食物の毒素から胎児を保護するように設計された形質だと考えました。しかしながら，この仮説は医学界では受け入れられていません。私は「疼痛」の治療についても進化学的考察が必要と考えています。「つわり」と同様に「疼痛」も完全に取れることが目標とされますが，本当に完全に取った方が良いのでしょうか？安静時の疼痛がなければゴールでないのか？　体動時に負荷がかかって起こる痛みは，むしろ不具合（骨折など）を知らせる大事な信号ではないのか？　理学的に「疼痛」が起こらないように工夫した生活をマスターする方が理に適っているのではないか。このように思うのです。

　その昔，フィレンツェの策略家と言われたニコロ・マキャベリは，人間を「恩を忘れやすく，移り気で，偽善的であり，危険に際しては臆病で，利にのぞんでは，貪欲である」と定義したと言います。これを知った人は，「よく観察しているな」と皮肉を込めて笑うのではないでしょうか。私にとっては笑いごとでなかったので，ここで取り上げています。我々のご先祖様が小集団で永い間（約500万年），アフリカのサバンナで暮らしていたことは前述しましたが，マキャベリの観察が正しければ，マキャベリの人間の定義は，アフリカのサバ

ンナで生き残るために有利な形質を示していると言えます。食べ物に乏しく，まわりには捕食者（肉食動物）がいる環境で，生き延びるためには，どんな形質が必要か考えてみてください。食べ物を確保し，危険から身を守るために，ご先祖様は互恵性をたぶんにもっていたと思われます。しかし，自分自身が生き延びていくためには，なるべく恩を忘れ，移り気で，偽善的に振る舞った方が有利だと予想されます。危険に対しては臆病であるほど生き残れる訳で，食べ物や自分に役に立つ物が目の前に現れたら，貪欲であるほど生き残れる。

　我々がいま「ひとつの系統としての種」として存在していることが，マキャベリの言うような形質をもっていることを証明しているのかもしれません。我々は利己的であることを悪く感じ，利他的であることを善く感じます。しかし，これらはどちらも本能だと考えます。利己的であることを肯定するという意味ではありません。善く感じること，悪く感じること，これらは本能から来ていると言いたいのです。我々のなかには利己性が強く，互恵性の乏しいヒトがいる。これが極端な人間を「社会病質者」と呼ぶそうです。そして，社会病質者は罪を犯す確率が高いといいます。罪を犯した人間は，反省する（できる）者と反省しない（できない）者がいるように見える。もしかすると，これは利己性の，あるいは互恵性の程度の違いと相関しているのかもしれません。もちろん，先天的な要因だけで決まることではなく，後天的な要因も大いに関係していることは間違いないと思います。

　私は日常診療（緩和ケア）の中で医療倫理の問題に直面したとき，「人間の本能」を考えてしまいます。我々ヒトは，他の生物と同様に生き延びたいのです。根治性がなく，副作用は耐え難いと聞かされても，治療を受けたいと思う気持ちは本能だと思います。質の高い医療の提供とは，ヒトの本能の理解から始まると言っては過言でしょうか。

　人が特別な存在であるという前提からくる価値観や倫理観を，私は自然科学の成果を考えると，とても受け入れることができません。今，人の「生きる意味」を自然科学の成果を取り入れながら組み立てなおす必要を強く感じます。これから述べることがその理由です。

私は日常である臨床で，生きる意味を考える患者や医療者に出会うことがありません。そして，生きる意味を考えられない治療中の患者にとって，死はひたすらに恐ろしいものになっているように見えます。患者は死を否認するしか術がなく，癌が全身転移した人は，治療だけが寄りどころにしています。しかし，人は必ず死ぬ。なので，人が生きる意味を見出すためには「物語」が必要かも知れない。我々の祖先は神話や宗教で天地開闢のいきさつや人の歴史を理解してきた。ところが現代は，宇宙のはじまりが科学研究の対象となり，ビックバンやブラック・ホールが解き明かされ，宇宙が常に膨張しているという事実が常識となっている。ヒト・ゲノムの解読が終わり，人が遺伝子の乗り物であるというパラダイムシフトも起こった。

　人が死を意識するとき，それは生きる意味を考える良い機会ではないでしょうか。しかし，人という目線だけで，あるいは宗教や従来の哲学で，人は生きる意味を見出すことができるのであろうか。私は自然科学が証明してきた真実を無視した物語では生きる意味を見出すことができない。私には生きる意味を見出した自然科学のグランド・セオリーがある。1858年に発表されダーウィンの進化論。21世紀の進化論は，科学知識を総動員して「生命の進化」を物語っている。40億年前，この地球上のドロドロしたスープの中に浮かんでいた自己複製する構造体は，突然変異と自然選択を繰り返し，ついには人間にまで進化した。10億年前は，たったひとつの細胞だった。それが多細胞生物になり，個体が集合して社会ができたのです。

　人という個体から遺伝子に目線を移すと，私は「人はなぜ死ぬのか？」という問いの答えをはっきりと感じることができる。遺伝子は生き延びるために利己的に複製され，遺伝子の乗り物である古い個体は，そのつど死んできました。そうして，系統として進化が進んできたのです。150万年前，人に進化した自己複製する遺伝子の個体も同じように死を繰り返し，進化してきました。遺伝子の乗り物である我々は，遺伝子による情報伝達システムを有しています。さらに遺伝子に拠らない情報伝達システムももっています。人の遺伝子に拠らない文化システムの自己複製子はミームと呼ばれています。ミームはある人の脳から別の人の脳へと伝達されていく。言語もそうだし，教育も音楽もミームで

す。ミームはジーン（遺伝子）とは違い，人が死んでからも伝達されます。だから，人はよいミームを伝達することによって最期の最後まで生きる意味を感じることができると私は考えます。

　どんな人でも必ずミームを伝達することができます。癌が全身転移したとしてもミームは伝達できます。しかし，癌そのものや癌治療のために辛い症状があるときは，よいミームを後代に伝達することができなくなってしまいます。ミームの伝達に生きる意味を感じることができたならば，副作用のつらい抗がん剤などは受ける価値がなくなるのではないでしょうか。また，癌のつらい症状に悩んでいる暇もありません。現代の医学は人の苦痛をかなり高い確率で取り除くことができます。つまり，医学はミームの伝達に非常に役に立つミームなのです。医学の価値は病気の根治だけではない。人の生きる意味は個人の目線で考えられています。これが基本であるように思いますが，私はそれだけでは上手く行かないと感じます。人を生物として捉え，進化を念頭に置くことで，私は人生の意味を感じ，安心を得ていることを告白します。

5.4　めぐり合せ

　ある医師の友人に「なんであんたがキャンサーネット（患者支援 NPO）の理事長やの」と言われたことがありました。私は返事ができず，その場で考え込んでしまった。どこから説明すればよいやら……。はじめはキャンサー・ファックスでした。NCI（National Cnacer Institute）の PDQ（Physician Data Query is NCI's comprehensive cancer database）を先代，先々代の理事長たちと夜なべして訳していたことを覚えています。いまはそんなことをする臨床医は居ない。PDQ は日本語訳があるし，インターネットで簡単に見ることができる。update もちゃんとされるので，我々の役割はとっくの昔に終わっている。時代は変わるし，人も死ぬ。私が愛読している時代小説のくだりを紹介したいと思う。

第Ⅰ部　超高齢社会における学習課題

　何があろうと世の中はなるようにしかならない。それは人間の小ざかしい思いを遥かに超えた，世の中自体の律動で動いているかに思われた。世の中のために人間のすることなどないのだ。あると思うのは只の思い上がりにすぎない。どうじたばたしたところで，人間は所詮この世の動きの表面に，僅かな掠り傷くらいの爪痕をつけるのが関の山なのだ。
だから人間のすることで意味のあることと云えば，自分がほかならぬ人間であることを，自分自身に証明することぐらいではないのか。他人がどう思おうと，自分が確かに生きたという自覚の出来ることだけが，人の生きている意味ではないか。
そう感じた瞬間に，六郎のこころはすとんと座り込んでしまった。世の中の動きが自分にとって都合がよかろうと悪かろうと，そんなことに関わりなく，ただ動いてると見えるようになった。さまざまなものがさまざまな色で虚空を彩りながら移ろってゆく。それだけのことだ。そんな移ろいゆく風景のなかに，自分自身もみえる。自分もまたある彩りをもって，他の彩りと共に移ろい流れてゆく存在にすぎない。「見るべきものは見つ」という言葉がある。正にそんな感じだった。世の中をどうしようという気はない。もう沢山だった。いつ死んでも構わなかった。たかが彩りの一つが消えるだけのことだ。他人は気がつきもしないだろうし，それで充分ではないか。

（隆慶一郎『影武者徳川家康』（新潮文庫））

　友人医師の問に答えようと思うと，私は「めぐり合わせ」としか言えない。小ざかしい思いを持ち続けてきた結果にすぎないのである。5年前，私の脳の血管に小さな血栓がひととき詰まったようでした。ベットから動くことを許されない時間があったのですが，私はその経験で，少し成長したように思う。さらに7年前には自分の働く病院に妹が入院して，家族して自分の病院を診ることができました。妹は先に逝き，私には大いなる不満が残りました。今はそれを生かして，病院のがん医療をよくしたいと思っています。自分がベットに上がることで，私は患者側から医療現場を診ることができました。そして，医療を提供するものに「奢り」のあることがよくわかりました。いまごろ知って遅いぞと，言われそうです。しかし，このような情報を知り得るには経験するしかないのです。インターネットでは無理です。我々が知った方が良い正しい情報は，一体どのようにして手に入れればよいのか，それは個々のテーマでもあります。そして，一番大事なことは人と人とのつながりだと思うばかりです。

第Ⅱ部

超高齢社会における学習手法

第6章
高齢者とオンライン学習

山内祐平

6.1 オンライン学習の普及

　学習といえば教師と生徒による対面授業を中心に，教科書やノートがそのやりとりを支えるというスタイルを連想するでしょう。しかしながら，このような形の学習が当然視されるようになったのは，近代的な学校制度が普及する19世紀以降の話です。

　日本においても江戸時代の寺子屋は「手習い」という演習中心の形でしたし，明治期の学校においては，教科書の代わりに「掛図」と呼ばれる大型の図版を利用して説明が行われ，ノートの代わりに「石板」と呼ばれる蝋石を用いた小型の黒板で計算や書字の練習をしていました。

　このように，学習のスタイルは時代やメディアの普及状況によって変わっていきます。1970年代からは，教室にテレビが入るようになり，授業の導入時などに教育番組を見せるようになりました。現在の学校にはコンピュータ室があり，インターネットを用いた調べ学習などが行われています。

　今後高齢者の学習について考える際には，このようなメディア環境の変化も考慮に入れる必要があるでしょう。

　現在特に注目されているのがオンライン学習です。2010年代に入ってから，動画視聴を可能にする高速インターネット接続や操作が簡便なタブレット端末の普及によって，家庭で学習する際にもオンラインサービスを利用する人が増えてきています。その中でも重要なものが，MOOC（ムーク）と呼ばれる，インターネットを利用し大学レベルの講座を無償で受けられる仕組みです。

第6章　高齢者とオンライン学習

図6-1　Coursera のトップページ

　MOOC は Massive Open Online Course の略語で，日本語で大規模公開オンライン講座と訳されています。世界中の大学が，数千から数万人の学習者を対象に，オンラインで無償の学習コースを提供しています。

　2008年前後から試行的な実践が行われていましたが，大きく発展したのは2012年です。この年に，世界第1位，第2位のプラットフォームである Coursera と edX が立ち上がり，ハーバード大学やスタンフォード大学など，世界のトップ大学の講座を受講できるようになったことが理由でした。

　現在世界中から1,500万人以上が登録している最大手サービスの Coursera は，スタンフォード大学教授である Andrew Ng と Daphne Koller が立ち上げたソーシャルベンチャー企業です。彼らは前年の2011年秋に，自分たちの授業をネットに公開して，世界中から10万人を超える学習者を集めたことから，多くの学習者が高度な内容の講座を受講したいと思っていることを知り，ペンシ

99

ルバニア大学など名門大学数校をパートナーにして起業しました。パートナーはその後増え続け，2015年10月現在134大学・機関がコースを提供しています。

　Courseraを始めとするMOOCの学習は以下のような流れで進みます。

① コース登録

　大学などのコース提供機関が提供するコースを選び，申し込みを行います。Courseraの場合，1,468のコースが用意されており，人文社会・芸術から理工学・医学まで幅広い領域の講座を受講することができます。期間は1ヵ月から3ヵ月，レベルは大学1，2年生向けが中心です。通常の授業と同じように開講時期が決まっている通常のコースと，いつでも受講できるオンデマンドコースがあります。

② 映像視聴

　10分前後の講義映像が週に10本程度用意され，大学の授業相当（90分から100分程度）の説明が行われます。映像が細かく区切られているのは，人間の集中力が持続するのが15分程度であることや，通勤などの隙間時間で視聴することが想定されているためです。英語がネイティブでない学習者は再生速度を遅くしたり字幕を表示できる機能も備わっています。逆に内容をある程度理解できる学習者は倍速で視聴することもできます。

③ 掲示板でのディスカッション

　講義映像を視聴してわからないことがある場合には，掲示板に質問を出すと，世界中の学習者から回答が返ってきます。MOOCは映像サービスと思われていますが，醍醐味はこの掲示板にあります。世界中の学習者が同じ掲示板で議論をしている光景は衝撃的であり，インターネットが国境という垣根を壊したことを実感できます。学習者同士のやりとりは講師側のスタッフがモニターしており，必要があれば介入するようになっています。

④ テストとレポート

　評価は毎週行われるクイズと呼ばれる小テストと最終週にある総括テストの点数で行われる場合が多いようです。人文社会系などではレポート課題が出される場合もありますが，提出人数が数千人から数万人になるため，学習者同士が相互に採点を行っています。レポートを提出すると他の学習者（3名から5名程度）のレポートをランダムに採点するよう指示があり，偏りをふせぐため中間値で点数を決めています。

⑤ 修了証の発行

　テストやレポートであらかじめアナウンスされていた基準点を超えると，講座の修了証がPDFで発行されます。ここまでの学習は無料ですが，個人認証付きの有料修了証がとれる選択肢（Signature Track：1コース5000円程度）も用意されています。ウェブカメラとタイピングの癖の解析による個人認証が行われ，なりすましを防ぎ本人が学習したことを保証することができるため，就職や転職への利用を考えて有料修了証を選ぶ人も増えています。

　東京大学は2013年2月に日本の大学として初めてCourseraに加盟し，2013年9月から11月にかけてFrom the Big Bang to Dark Energy（以下「Big Bangコース」）と，Conditions of War and Peace（以下「War and Peaceコース」）の2コースを配信しました。ここでは，荒ら（2014）の論考からその概要を報告します。

　BigBangコースは，144の国と地域から4万8,406名が登録し，3,754名が修了しました。War and Peaceコースは，158の国と地域から3万2,285名が登録し，1,629名が修了しています。両コースを合わせると登録者の合計は8万人を超え，修了者数は5千名を突破しています。ちなみに，東大の全学生数は約2万8,000名であり，留学生数は約3,000名です。

　両コースともに対面の授業と同様に週ごとに新たな学習内容を追加する形式で，全体で4週間のコースでした。受講者は1本約10分にまとめられた講義ビデオクリップを各週に10本閲覧し，課題に回答します。講義ビデオはスライド

表6-1　東大が2013年度にCourseraで実施した2コースの概要

コース名	From the Big Bang to Dark Energy	Conditions of War and Peace
内容	宇宙の成り立ちから終わりまで，素粒子理論などの最新の研究成果を踏まえて学習する宇宙物理学のコース	戦争を国際政治の観点から振り返り，戦争と平和の条件について受講者自身が考える国際政治学のコース
講師	村山 斉（カブリ数物連携宇宙研究機構（IPMU）機構長	藤原帰一（東京大学大学院法学政治学研究科教授）
TA	1名（IPMU客員研究員のUC Berkeley大学院生）	2名（東京大学政策ビジョン研究センターの特任研究員と技術補佐員）
開講期間	2013年9月3日から2013年10月8日まで	2013年10月15日から2013年11月18日まで（但し，12月2日までレポートの相互採点課題あり）
コース構成	・講義ビデオ：各週訳10分の講義ビデオ8～10本　4週間。 ・課題：各週20問程度の多肢選択式クイズや演習問題を基本編と応用編に分けて出題×4週間。 ・最終試験：14問の試験を出題 ・掲示板：内容についての質問や様々なディスカッションをおこなう。	・講義ビデオ：各週訳10分の講義ビデオ10本×4週間。 ・課題：各週10問程度の多肢選択式クイズ×4週間。 ・エッセイ課題：中間に300word，期末に500wordのエッセイ課題を出題。採点（最低3人分の他の学習者の提出物）も課題の一部。 ・掲示板：内容についての質問や様々なディスカッションをおこなう。
想定学習時間	5-6時間／週	5-7時間／週
対象レベル	東京大学の大学2年生相当	東京大学の大学2年生相当
成績評価	最終成績＝各週の課題の正答率（15%換算）×4週＋最終試験（40%換算）最終成績60%以上で修了証発行。90%以上でDistinction付きの修了証（別添6）を発行。	最終成績＝各週の課題の正答率（15%換算）×4週＋中間エッセイ（15%換算）＋期末エッセイ（25%換算）最終成績60%以上で修了証発行。

の前で講師が解説を加える形式を基本とし，CGアニメーションや動画などを加えて構成しています。

　Big Bangコースの課題は多肢選択問題と計算問題で構成され，講義を理解すれば完答できる基礎問題とより難易度の高い応用問題の2種類を用意しています。ただし，応用問題の結果は最終成績には含めず，高いレベルの問題に挑戦したい受講者向けの任意回答課題となっています。

　War and Peaceコースは講義内容の理解度を評価する多肢選択問題と，中間・期末の2回の小論文執筆を課しています。小論文以外の課題は自動採点さ

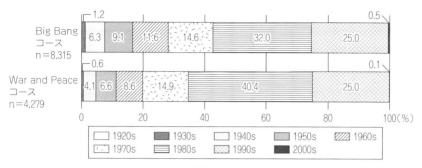

図6-2　受講者の生年別分布

れ，即座に受講生に結果がフィードバックされます。小論文の評価については，さきほど述べたように受講者同士が相互に採点をおこなう方式を採用し，提示された採点基準に沿って，一人の受講生が最低3人の他の受講生の提出物を採点することとしました。

計算式にしたがって算出された得点60％以上の成績修了者に対しては，各講師のサインが記入された修了証が授与されました。Big Bangコースで90％以上の成績を修めた優秀受講者（1,918名）に対しては，Distinction（成績優秀者）修了証を発行しました。

Courseraのプラットフォームは，受講者の国籍や年齢などの属性データをもっていません。ここでは開講時に行った受講者アンケートのデータを用いてその特徴を示すことにします。それぞれのコースの男女比はBig Bangコースが約2：1（男性：女性）War and Peaceコースが1.14：1であり，男性がやや多い結果となりました。

年齢構成は図6-2に示したとおり，両コースともに最も多い年代が1980年代生まれ（24歳から33歳）次に1990年代生まれ（14歳から23歳）1970年代生まれ（34歳から43歳）と続きました。主な受講者層は20歳から50歳でしたが，定年退職後の生涯学習層も1割以上を占め，幅広い年齢層が受講していることがわかります。

また，図6-3に示した受講者の居住国の上位20ヵ国のリストからは，アメリカやイギリス，カナダといったいわゆる英語圏の国以外からも多数の受講生

表6-2　受講者の居住国

順位	Big Bang コース		War and Peace コース	
1	アメリカ	26.6%	アメリカ	17.2%
2	インド	8.8%	日本	7.0%
3	イギリス	4.9%	ブラジル	5.6%
4	スペイン	4.4%	イギリス	4.7%
5	ブラジル	3.5%	スペイン	3.9%
6	カナダ	3.5%	インド	3.4%
7	日本	2.8%	メキシコ	3.1%
8	ロシア	2.7%	オランダ	2.9%
9	オーストラリア	2.3%	カナダ	2.9%
10	ドイツ	2.3%	ギリシア	2.5%
11	ギリシア	2.1%	ドイツ	2.3%
12	メキシコ	2.0%	フィリピン	1.9%
13	オランダ	1.5%	ロシア	1.8%
14	ポーランド	1.4%	オーストラリア	1.7%
15	コロンビア	1.4%	コロンビア	1.6%
16	イタリア	1.4%	ルーマニア	1.5%
17	フランス	1.3%	イタリア	1.5%
18	ポルトガル	1.2%	中国	1.4%
19	ウクライナ	1.0%	フランス	1.4%
20	ルーマニア	1.0%	ポルトガル	1.3%

が来ていることが明らかになりました。特にインドやブラジル，メキシコ等の新興国から多くの受講生が参加しています。開発途上国からのアクセスの絶対数は少ないのですが，多くの国からのアクセスがあるためいわゆるロングテールの状況になっています。

受講生の最終学歴（図6-3）からは，何らかのカレッジ（短大や大学相当）を卒業している層が85％から90％近くを占め，ほとんどの登録者は高等教育の恩恵を受けたことがあることが明らかになりました。修士以上の学位を持つ受講生も4割近くを占めており，高学歴層に偏っていると言えるでしょう。

東京大学はこの2コースの後も配信講座を拡充し，2014年度からはハーバー

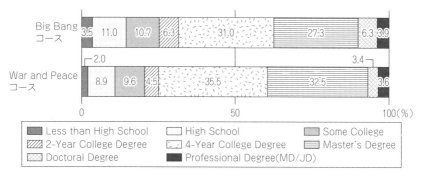

図6-3 受講者の最終学歴

ド大学とMITが設立したプラットフォームであるedXにも参加しています。2015年9月には累計登録者数が21万人を突破するまでに成長しています。

MOOCは高齢者のために作られたプラットフォームではないですが、その学習は高齢者にも開かれ、実際に世界中の高齢者が学んでいることが明らかになっています。現在の状況は地域や学歴などに偏りはあるものの、今後普及や改善が進めば高齢者の新たな学習機会として注目が集まるものと思われます。

6.2 対面学習との組み合わせ

現在の技術を前提にした場合、オンライン学習は対面学習を代替するものとは考えられません。MOOCは、世界中の学習者が低コストで知識をアップデートするには向いている仕組みですが、議論や実験を行うことはできないため、高度な能力をそれのみで保証することは難しいのです。そのため、オンライン学習と対面学習を組み合わせる「ブレンド型学習」が注目されています。ここでは、MOOCを利用したブレンド型学習の例として、日本語MOOCプラットフォームGaccoの「日本中世の自由と平等」において展開された「反転学習コース」の事例について紹介しましょう。

Gaccoは、2014年4月に開始された日本語MOOCプラットフォームであり、東京大学をはじめとする日本の大学や、政府・学会・企業などが日本語でコースを出している点に特徴があります。2015年10月段階での会員数は15万人です。

第Ⅱ部 超高齢社会における学習手法

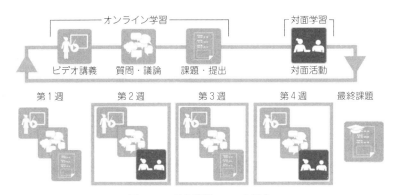

図6-4 反転学習コースの構成

　英語でないローカル言語で展開されているMOOCは地域MOOCと呼ばれ，ヨーロッパ諸国や中国などで普及が進んでいます。その地域の言語による教育を保証すると同時にグローバルMOOCではカバーしきれない地域のニーズをくみ上げた講座が展開される点に特徴があります。地域MOOCは学習者の居住地域が限定されているため，対面学習と組み合わせやすいのです。そのためGaccoでは対面学習コースというMOOCと対面学習を組み合わせたコースを開設当初から設けています。

　「日本中世の自由と平等」は，Gacco開設と同時に開講された中世史に関する講座であり，本郷和人東京大学史料編纂所教授が講師を務めました。ヘーゲルの所有の概念を用いて日本中世史における自由と平等を再考するため，第1・2週に歴史資料や解釈に関する基礎的な知識を，第3・4週に資料をもとに2つの異なる歴史観に基づく中世日本の再解釈について学ぶ構成になっています。

この講座には，オンライン学習のみの通常コースと有料（1万円：高校生は無料枠あり）の対面学習を組み合わせた反転学習コースが提供されました。

　通常コースは，Courseraと同様，講義映像を視聴した後でわからない点があれば掲示板で議論し，週ごとに小テストを受け，最終的に総括テストとレポートを提出するという形で展開されました。このコースには，2万51名が参加し，3,593名が修了しています（修了率18%）。

第6章　高齢者とオンライン学習

図6-5　反転学習コースのディスカッションの様子

　反転学習コースでは，上記のオンライン学習に加え，第2週と第4週の週末に本郷キャンパスで対面学習（各2時間）に参加しました。第1回では，小グループ（3〜4名）で中世の権力構造に関する2つのアプローチ（権門体制論と東国国家論）について，どちらのアプローチがより妥当かについて史料を元にディベートを行いました。第2回では，小グループに分かれて信長と戦国大名の天下統一に関する考えの違い，信長と朝廷における公権力の意味の違い，信長と一向宗の組織体制の違いの3テーマについて史料を用いながら議論しました。このコースには，92名が参加し，74名が修了しています。（修了率80％）このコースが反転学習コースと呼ばれているのは，基礎的な知識習得を自宅で行い，応用的な演習課題を学校で行うこのスタイルが，従来の授業（基礎的な知識習得は学校で行い，応用的な演習は自宅で宿題として行う）を反転したものになっていることに由来しています。

　学習者の年齢層が中高生から80代まで多様であり，職業経験や既存の知識レベルにもばらつきがあるため，グループは高校生・高齢者・その中間層が均等に分かれるように構成しました。このグルーピングは結果的にうまく機能し，高齢者が高校生の意見をうまく引き出し，中間層がまとめていくという展開になりました。

第Ⅱ部　超高齢社会における学習手法

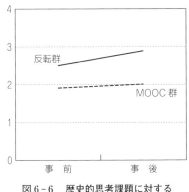

図6-6　歴史的思考課題に対する得点比較

（出典）山内ら（2015）。

山内ら（2015）はこの反転学習コースにおいて，歴史的思考力（歴史学者のように考える力）がどの程度向上しているかについて研究しています。その結果，オンライン学習のみの通常学習コース（MOOC群）に比べて，反転学習コースの学習者（反転群）は歴史的思考力がより向上することが明らかになっています。

このように，オンライン学習と対面学習を適切に組み合わせることによって，オンライン学習だけでも，対面学習だけでもできない高度な学習を実現することができるようになりました。高齢者の学習においても，対面をベースにした生涯学習講座などの発展形としてこのような形式は有効でしょう。

6.3　高齢者にとっての可能性

　高齢者がオンラインで学ぶことは10年前にはほとんど想定されていませんでした。2000年代初頭にデジタル格差論が世をにぎわせ，高齢者を含む社会的弱者がインターネットにアクセスできないことが問題視されていたからです。しかし，この10年でアクセシビリティに関する問題は大きく改善しています。

　図6-7は，政府が行っている通信利用動向調査によって明らかになっている年齢階層別インターネット利用率の推移です。

　2015年現在でも60歳代で70％，70代で50％を超えていることがわかります。50代は90％以上あることから考えると，10年後には，インターネットを利用している高齢者が多数派になることが予測されます。

　高齢者にとってオンライン学習は，低コストで人生を豊かにする学習が可能になるサービスです。今後は，長く働くために専門性を更新していくといった利用も増えてくるでしょう。そのような時代が訪れた場合，学習環境としてど

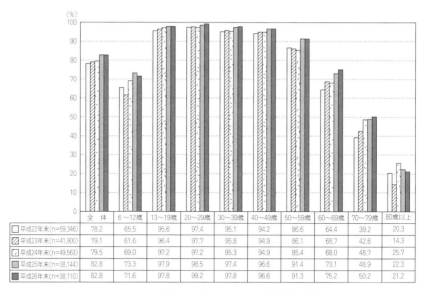

図6-7　年齢階層別インターネット利用率の推移

のような進化が必要になってくるかについて論じます。

6.3.1 人生を豊かにする学習

多くの高齢者にとってオンライン学習の最も大きなメリットは，人生を豊かにすることができるという点です。先ほど反転学習の文脈で取り上げたGacco「日本中世の自由と平等」の2014年度通常コースには，2万人を超える学習者が登録していますが，その年齢別内訳は表6-3のようになっています。

全体的には20代から60代までそれぞれ2割弱が参加という構成になっており，60代以上の受講者が総数の4分の1を超えています。また，男性で一番多いのは60代であり，旺盛な学習意欲が垣間見えます。全体的に女性が少ない点に関しては，アクセシビリティにまだ課題が残っていると推測しています。

掲示板上の自己紹介で，書き込みの内容から60代以上と推測できる方の受講動機は大きく3つに分類されます。

① 歴史への興味

テレビや本などで歴史に関する情報を得てきたが，本格的に歴史学を学

第Ⅱ部　超高齢社会における学習手法

表6-3　2014年度日本中世の自由と平等登録者の年齢構成

	合計		男性		女性	
総計	18,794	100%	12,956	100%	5,659	100%
～10代	536	3%	294	2%	228	4%
20代	3,281	17%	1,819	14%	1,415	25%
30代	3,182	17%	2,121	16%	1,038	18%
40代	3,402	18%	2,285	18%	1,091	19%
50代	3,529	19%	2,422	19%	1,085	19%
60代	3,400	18%	2,720	21%	650	11%
70代	1,311	7%	1,154	9%	141	2%
80代	153	1%	141	1%	11	0%

びたいといった動機や，講座の内容に関心があるといった理由。

② 大学の学び

大学を卒業してずっと学んでこなかったので，もう一度学び直したい，もしくは大学に行く機会がなかったので，大学レベルの講座を体験してみたいなどの理由。

③ 健康の維持

頭を働かせることによってボケ防止につながるのではないか，図書館に行って調べ物をすることによって，運動にもなるなどの理由。

このような受講動機から見えてくるのは，残された人生の時間を有意義に活用し，より豊かに生きるために新たな学習機会を活用しようとしている姿です。高齢受講者の中心である60代は図書館に行くなどの活動も日常的に行うことができ，時間をたっぷりかけて学習を楽しむことができます。掲示板にも本郷教授の著書や関連書籍の情報を交換するスレッドが立てられており，ビデオ視聴で終わらせるだけではなく，多様なメディアを組み合わせてより立体的に学習を進めたいという姿勢が見えます。

〔学びの共同体〕

　高齢者も含め，掲示板上では活発な議論が行われました。特に活発な議論が行われたのは，以下の3つのスレッドです。

　　○中世の自由と平等についての勉強会（投稿数　97）

　　　ある学習者が呼びかける形で，講座の内容に関連して自分が調べたことなどを共有するスレッド。講座後半ではお互いに「宿題」を出し合うようになり，図書館で調べてくる活動が行われました。

　　○弓は殺傷能力が本当に高いのか（投稿数　66）

　　　講義中にでてきた「弓は殺傷能力が高い」という発言に対して，本当にそうなのかどうかを確認する議論が行われたスレッド。映画などのメディアでの取り上げられ方，弓道経験者の意見，刀などとの比較，弓騎兵の位置づけなどさまざまな観点から議論が展開されました。

　　○アジールと自由（投稿数　56）

　　　担当する本郷教授が講義中に主張するアジールと自由の関係に納得がいかなかった学習者によってたてられたスレッド。関連する網野史学に関して論文を調査したり，対面学習の際に本郷教授に直接聞いた内容を共有するなどして議論が進められました。

　掲示板だけでなく，対面で勉強会をするという動きもありました。知り合いと誘い合わせて受講し，会った時に感想や意見の交換をするという場合もあれば，不特定多数の人に呼びかけて会議室などを借りて勉強会をする事例もありました。後者はミートアップと呼ばれ，CourseraなどのグローバルMOOCでも活発に行われています。

　さまざまな研究が明らかにしているように，高齢者は人間関係の幅が狭くなりがちです。職場のつながりがなくなり，移動の範囲が狭くなると，つきあう人の数が減るからです。

　オンライン学習は，画面に向かって孤独に学ぶというイメージを持たれがち

ですが，実際には，オンライン掲示板による議論や，それをきっかけとした対面勉強会の開催など，新しい人間関係を構築し，高齢者が豊かに老後を過ごすための社会関係資本の獲得につながる可能性を秘めています。

このような学習を目的とした人のつながりは，学びの共同体と呼ばれることもあります。もともと共同体は，村落の経済的つながりを基盤としたものでしたが，現代社会においては特定の関心に基づいてつながり実践を共有する実践共同体（Communities of Practice）が数多く生まれています。オンラインで出会った人々が学びを共有するために実践共同体を構成し，高齢者が参加していくことは，職業と地域以外の第3の場を構成できる可能性をもっており，今後注目すべき展開でしょう。

6.3.2 職業につながる学習

現段階のオンライン学習に参加している高齢者は，より豊かな人生を送るために参加している場合がほとんどですが，今後20年から30年程度の中期的な動きを考えると，職業機会につながる学習も視野に入れる必要がでてくるでしょう。その理由は社会保障が抱えている困難にあります。

すでに2015年現在においても，高齢者の生活資金である年金に関わる財政状況は芳しく，将来的に給付水準の切り下げは避けられない状況になっています。高齢化がこのままのペースで進めば，給付水準のみならず給付時期の後ろ倒しなど，より厳しい条件変更の可能性も高いと考えられます。

また，現在進んでいる非正規雇用の増加が高齢化の動きと重なることによって，老年貧困層が増加する危険性もでてきています。すでに非正規雇用の割合は40％に迫る勢いになっており，年収300万円以下の世帯が増加しています。不安定な雇用で貯蓄が十分にできないまま60歳を超え，さらに年金の給付時期が後ろ倒しになった場合，実質的に60代は働かないと暮らしていけないという時代が訪れることになります。

ただ，60代以降も働き続けるという選択は，必ずしもネガティブなことばかりではありません。働くということは生活のための資金を得ると同時に，社会

に貢献することでもあります。医学の進歩で健康が維持できるようであれば，働き続けることは，より充実した生活を保障することにもつながるでしょう。

　しかしながら，若年層においても雇用が厳しい時代に，リタイアした高齢者がそのまま職を続けることは難しいでしょう。現在でも定年後再雇用の場合は給与が減るケースが多いですが，今後はさらなる付加価値がないと，再雇用も厳しくなってくると思われます。大学を出てから40年間知識や技能のアップデートをしなければ，最新の知識を身につけた若年層と同じ土俵に乗ることはできません。

　そのことを考えると，大学を出てから高齢になるまで，さまざまな形で学び続けることが今後の日本社会の持続可能性を担保する上で非常に重要であることがわかります。

　グローバルMOOCであるCourseraの受講生で一番多い年齢層は，30代から40代です。変化のスピードがはやい現代社会では，大学を出てから20年ぐらいたつと，一度身につけた知識や技能をアップデートすることが必要になってきます。専門領域で最先端の知識を知ることや，自分の専門に隣接した領域について学ぶことによって，50代での新たな跳躍につなげようという人々が世界中から集まっているのである。実際に，MOOCのコースで得た修了証を持って転職する人もでてきています。

　従来であればこのようなニーズは社会人が大学院に入り直すことによって対応していました。しかしながら，高額の学費を払って，2年間キャリアにブランクができる現在の制度では，応募できる人も限られます。

　MOOCが2012年に登場して爆発的に普及したのは，このようなニーズにフィットしたからです。受講するだけであれば無料であり，転職などの際に有効とされる個人認証付きの履修証明証を購入しても数千円から数万円で済むという手軽さが，多忙でありながら将来のために学んでおきたい社会人層に響いたのでしょう。

　このような未来の仕事への準備としての学習は，今後50代，60代と広がってくると思われます。55歳でリタイアするのであれば40代で学びなおせばそれで済むかもしれませんが，70歳まで働くのであれば，50代，60代でさらなる学習

がないと続かないでしょう。

　50歳や60歳の人が未来の仕事の準備のために学んでいるという光景は，現在の状況からは想像しにくいかもしれません。しかしながら，すでにそのような働き方・学び方をしている人々も存在しています。

　それは，大学をはじめとする研究職です。研究者は70代まで知的生産を行うケースも多いですが，長く業績をあげ続けられる人は，常に最新の論文や書籍を読むことで不断に学び続けています。つまり，全く前例がないことが起きようとしているのではなく，知的生産に関わる人々の働き方と学び方が民主化しているととらえた方がよいでしょう。

6.3.3　今後の課題

　日本は高齢化の速度と規模において世界で最先端を走っているといってもよい状況にあります。小宮山（2007）は，「課題先進国日本」という表現を使っていますが，裏返せばその課題を解決できれば世界にモデルを示すことができるチャンスであるととらえることができます。

　高齢者のオンライン学習をどのように支援するかに関する研究はまさにはじまったばかりであり，多くの課題があります。ここでは，課題と解決の方向性についてまとめることにします。

〔疾患をかかえての学習〕

　医療技術が進んできたとはいえ，高齢者はさまざまな形で疾患を抱えたまま学習を行うことになります。反転学習のような対面の学びの場は効果が高い反面，高齢者にとっては移動の負担が重く，実際に「日本中世の自由と平等」の講座でも，足が悪いために残念ながら参加を見送ったというケースがありました。現在の情報通信技術には限界があり，対面と全く同じ活動をオンラインで行うことはできませんが，少しでもこの問題を解決するために筆者らが研究を進めているのが，オンライン上で多人数のグループワークを可能にする多層型オンラインワークショップ（Multi-Layered Online Workshop）という仕組みです（安齋 2015）。これは，オンライン上で4名の音声によるグループワーク，4グ

ループによるルーム発表セッション,数十ルーム程度の全体講評という形で活動のレイヤーを切り分けることによって,1,000名程度がリアルタイムでグループワークをできるようにするための仕組みです。このような学習が普及すれば,移動が難しい高齢者にも,対面学習に準じる学習機会を保障することができるようになるでしょう。

〔多世代や異文化との交流〕

　オンライン学習は世代を超え,国境を超えて学習できることがその魅力でもあり,多世代や異文化との交流は,高齢者にとって今までにない人のつながりを作るチャンスでもあります。しかしながら,実際には高齢者は高齢者同士でつながる傾向があり,若い世代や違う国籍の人と議論しながら学べる人はまだまだ多くありません。

　高齢者は人生経験も豊かであり,すでに確固とした価値観を形成しています。自分と違う人々のあり方を受け入れ,彼らのもっている知識や新しいやり方を学ぶことは敷居が高いと感じているのでしょう。

　「日本中世の自由と平等」対面学習のグループワークがうまくいったように,若い世代を助けるという形式にすることは,多世代による学習環境構成において重要な視点になりえます。学習は何らかの形で自分に意味が感じられた時に起きる現象ですが,その意味は必ずしも金銭的なものを代表とする報酬と対応しているものではありません。学習を若い世代と共有するということは,自らの行為の成果が他者に引き継がれることであり,人間にとって根源的な価値を感じることができる活動になりえます。

　多世代に比べ,国境を超えた学習については現状突破口が見えているわけではありません。多くの日本人学習者が英語というハードルで参入をあきらめているのが実情です。この点に関しては,長期的な視座に立って,大学を卒業した後も語学を学び続けるための文化を醸成することが重要でしょう。テストの点数を競うのではなく,グローバルな学びの場で知識を獲得しコミュニケーションするための道具として言語を学ぶということが増えてくれば,他の国と同じように,高齢者がグローバルな学びの場で活躍するという未来が訪れること

を期待しています。

参考文献

荒優・藤本徹・一色裕里・山内祐平（2014）「MOOC実証実験の結果と分析――東京大学の2013年の取り組みから」『情報学研究：学環：東京大学大学院情報学環紀要』86: 83-100。

安斎勇樹・大浦弘樹・池尻良平・伏木田稚子・山内祐平（2015）「MOOC講座における多層型オンラインワークショップの提案」日本教育工学会第31回講演論文集：95-96。

小宮山宏（2007）『「課題先進国」日本』中央公論新社。

山内祐平・大浦弘樹・池尻良平・伏木田稚子・安斎勇樹（2015）「MOOCと連動した反転学習における歴史的思考力の評価」日本教育工学会第31回講演論文集：323-324。

第7章
新しい，人が集まる場

成瀬友梨

　高度経済成長時代が終わり，終身雇用は崩壊．単身世帯が2010年では全体の3割を占め（総務省統計局　国勢調査，時系列データ），生涯未婚率は2030年には男性で3割，女性で2割程度まで増える，と予測されています（国立社会保障・人口問題研究所「人口統計資料集」）。働き方，住まい方，ひいては生き方が多様化しているなか，筆者（成瀬）は建築の設計者として，「シェアする場をデザインする」というコンセプトを掲げ，こうした新しい生き方に対応した空間づくりに携わっています。もはや聞いたこのない人がいないくらい，メディアでももてはやされているシェアハウス。地域の人が集うコミュニティカフェ。既存の枠組みを超えてイノベーションを起こすことを目指すイノベーションセンター。こうした新しい場は，今，ますます求められています。この章では，いくつかの事例を紹介しつつ，読者のみなさんに新しい場づくりのヒントを見つけていただければと考えています。事例のほとんどは，高齢者に特化した施設ではありません。しかしながら，生涯学び続ける存在として人を位置づけ，その活動や活動領域を考えて行くのであれば，高齢者の取り組みや既存の施設に目を向けるだけではなく，これから年をとって行く人たちの活動，そしてその活動が展開する新しい場に注目することは有意義ではないでしょうか。
　筆者がどうして「シェアする場」に着目することになったのか，その始まりをここでご紹介しておきたいと思います。今から7年ほど前，とある集合住宅の設計を依頼されました。都心の一等地で，土地を購入し賃貸のワンルームマンションを建てて経営したいという方からの依頼でした。土地の費用が高いので事業計画はかなり厳しく，いかに無駄を省くか，という観点で何度も設計案

を練り直しましたが，事業者の求める収支には届きませんでした。その頃，偶然知人の紹介で，シェアハウス，というものを運営している20代前半の男性と知り合う機会がありました。噂で聞いてはいたものの，今ほどシェアハウスが話題になっていなかったので，そこでの暮らしや運営など，とても新鮮でした。スペースや設備をシェアするという不便にも見える条件がありながら，人との出会いに価値を見いだす人たちがいるとうことは驚きでした。キッチンやトイレ，浴室などを共用するため，コストに大きく影響する水回りを減らすことができるので，建設費を下げられることも魅力に感じました。これを，収支が合わなかった集合住宅に適応させたらどうなるだろうか。早速設計案をシェアハウスとして練り直し，賃料等を算定して事業収支をはじいたところ，目標の収支を達成することができました。結局，土地の購入についての交渉がうまくゆかず，この計画は幻のものとなってしまったのですが，自分としての収穫は大変大きなものとなりました。一人暮らしが増えているのに，それに対応した住まいの選択肢がワンルームマンション以外にない，というゆがんだ現実に改めて気づかされました。いろんな暮らし方があるのに，それを受けるハードの多様さが圧倒的に足りていないのです。大きな目標が見えた気がしました。

　新しい場づくりでは，ハード（空間）とソフト（運営）の両方が大切です。両者がうまく嚙み合うことで，その場とそこを使う人が活きてきます。この章では，筆者がこれまで関わってきたプロジェクトについて，前半は主に空間の作り方を解説します。後半は筆者も設計・運営に関わっている，陸前高田市のコミュニティスペース「りくカフェ」について，一緒に運営に関わっている後藤智香子さん，後藤純さんに，ソフトを軸に紹介いただきます。写真や図面を多く収録しています。空間のつながり方，奥行き，あるいはどんな家具が置いてあるのかなど，ひとつひとつ丁寧に，時間をかけて設計しているので，そういった部分にも注目していただければと思います。

7.1　シェアする場の設計手法

　ここでは，4つの事例を紹介しながら，新しい人が集まる場の作り方につい

て，解説して行きたいと思います．

7.1.1 インフォーマルなコミュニケーションを誘発する：柏の葉オープンイノベーションラボ（31VENTURES KOIL）

　KOIL は，千葉県柏の葉に位置する，イノベーションセンターです．私たちはこの施設のイノベーションフロアと呼ばれる6階の内装2600m^{2}を手がけました．イノベーションセンターとは，個人，大学の研究者，企業のチームなどが分野を横断して集まり，互いの知識や技術と出会い協働することで，オープンイノベーションを起こすことを目指している場です．柏の葉は公・民・学が一緒にまちづくりを進めています．単に働く人のためだけでなく，地域の人も自由に利用ができ，多様な人がフラットに集まってくる，オープンな場を目指しました．これまでのオフィスは，みなさんもご存知の通り，どんな業種にも対応できるようにユニバーサルスペースといって，床と天井がフラットで，均質な空間が大量に作られてきました．これは管理者目線で都合の良い空間ですが，実際にそこで働く人が本当に楽しく，気持ちよく過ごし，働くことができる空間とは言えないものだと思います．KOIL のプランで最も特徴的なのは，フロアの端まで誰でも歩いて行くことのできる回廊です（図7-1参照）．これによって，開かれたオープンな場をつくります．その周りに，200人は裕に働けるコワーキングスペース，デジタル工作機械を備えた工房，100人規模のイベントに対応できるカンファレンススペース，大小さまざまなミーティングスペース，カフェ，企業単位で入居できるオフィス等，いろいろな場を配置しました．施設に来た人を受付カウンターだけで受けるのではなく，その後ろにカフェがあり，施設の顔となる場所にはガラス張りの工房があります．来た人にここで何か新しいことが起きそうだ，というワクワクした気持ちをもってもらいたいという意図で細かい仕掛けをしています．ユーザー同士のインフォーマルなコミュニケーションを誘発し，ユーザーが自発的に空間を選び取って使うことができるよう，内装に関しては仕上げすぎないこと，それぞれに特徴をもったスペースをつなぎ合わせてゆくこと，家具は利用シーンに合わせて動かせるよう，すべてにキャスターをつけることを基本として設計してゆきました．

第Ⅱ部 超高齢社会における学習手法

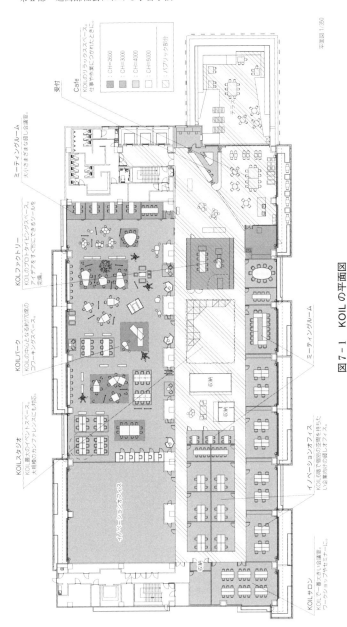

図7-1 KOILの平面図

第 7 章　新しい，人が集まる場

写真 7-1　エントランススペース（KOIL）　　（© 西川公朗）

▶ガラスばりの工房スペースが正面に見えます。

写真 7-2　コワーキングスペース（KOIL）　　（© 西川公朗）

▶通常のオフィスでは使われないフローリングの床を採用しています。天井はところどころに高いところをつくり，一部屋の中でも多様な場をつくっています。

第Ⅱ部　超高齢社会における学習手法

写真7-3　ミーティングスペース（KOIL）　　（© 西川公朗）

▶家具やカーペットの色合いだけでなく，照明の形式や色味も加えて，部屋ごとに雰囲気を考えています。

写真7-4　カンファレンススペース（KOIL）　　（© 西川公朗）

▶家具を自由に配置してさまざまなイベントに対応しています。3種類の異なる透過度，厚みのカーテンにより，場のかこわれ具合を調整できます。

写真では，天井や壁の仕上げ，家具等に着目して見てください。2014年4月にオープンしましたが，会員同士の交流会やビジネスミーティング，地域向けのイベントなども多く開催され，とても活気のある場となっています。

7.1.2　他人と住まう：LT城西

　シェアハウスは，使用されなくなった単身寮や賃貸で貸すには大きすぎる一軒家を持て余した場合に，それらをリノベーションして活用される場合が多いのですが，これは業界的にも珍しい，新築のシェアハウスです。リビングやキッチン，トイレ等を共用しながら生活するシェアハウスは，さながら大きな家での暮らしに近いものがあります。違うのは，住んでいるのが血のつながった家族ではなく，他人同士であるということ。他人同士が自然に場を共用しながら住み続けるために，空間も運営も独特な技術が必要になります。

　リノベーションの場合，リビングなどの共用空間と個室との関係や距離感は，構造上手を付けることができません。今回は新築であることを最大限活かし，シェアハウスに相応しい空間をゼロからデザインしました。平面図を見てみると，とても単純なグリッドのプランに見えます。グレーで色がついているところが共用スペースで，白いところがそれぞれの個室です。個室は13部屋あります。断面図を見ると，1階と2階の間に半層のスペースがあります。これにより縦方向にも横方向にも抜けがあって気持ちよく，凸凹のある空間になります。空間の中心にあるダイニングテーブル付近は，多人数で集まることのできる場所ですが，あえて天井の高さをおさえて中心性をもたせすぎないようにしました。逆に共用部の隅にあるリビングや窓際のスペースなどで思い思いに時間を過ごすことのできるスペースを大切にしています。キッチンカウンターは，比較的少人数のコミュニケーションに適しています。

　こうした空間作りによって，住人は，より気軽に，個室の延長として共用部を利用できるようになります。また，平面図では同じ8畳の広さの個室ですが，場所によって共用部からの距離や天井の高さが異なっているので，一つとして同じ部屋はありません。細かい部分のこだわりとしては，個室の前に少しだけアルコーブのような空間を設けています。このスペースによって，共用部から

第Ⅱ部　超高齢社会における学習手法

図7-2　LT城西の1F平面図

グレーの部分が共用部／白の部分が個室

個室のドアがあからさまに見えることがなく，個室のプライバシーを守っています。実際訪れた人からは，一瞬個室がどこにあるかわからない，と言われたことが何度もあります。みんなで住むことがコンセプトとは言え，なんでも直接つながればいいかというと，そうではないと思います。簡単につながってしまう場だからこそ，一人でいるのを許容されていることや，プライバシーが守られていることが，実はとても大切だと考えています。このように，豊かな共用部と8畳の個室を有していながら，全体の面積を13人で割ると，一人当たり23m^{2}しかありません。あんなに無理をして住んでいたワンルームマンションはなんだったのか，と思うほど，このシェアハウスは効率的で豊かな建築となっています。また，今後の展開として，シェアハウスは今のところ一般的に20代～30代の独身の方を対象としていますが，潜在的には家族向けだったり，高齢者向けだったり，さまざまなシェア住居の需要があると考えています。たとえば高齢者の場合は，個室にトイレはあった方がいいかもしれない，というように，利用者に応じて何をどこまでシェアするのか，繊細に議論が必要ですが，そこを丁寧に考えて行くことで，可能性が広がって行くと思います。

第 7 章　新しい，人が集まる場

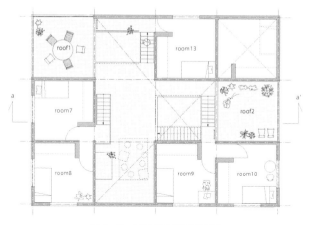

図 7-3　LT 城西の 2F 平面図

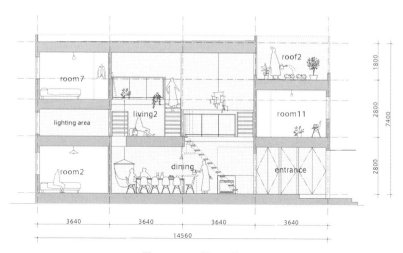

図 7-4　LT 城西の断面図

▶ 2.5 層とすることで，上下方向・水平方向にぬけや広がりのある空間となっています。

第Ⅱ部　超高齢社会における学習手法

写真7-5　LT城西の内部①　　(© 西川公朗)
▶吹き抜けを介して1Fと2Fがつながりつつ，それぞれの居場所がある。

第 7 章 新しい，人が集まる場

写真 7-6　LT 城西の内部②　　　（© 西川公朗）

▶それぞれの会談の先には 1〜2 個の個室があります。自分の巣に帰っていくような落ち着いた雰囲気です。

写真 7-7　LT 城西の内部③　　　（© 西川公朗）

▶入居者にとても人気のあるソファスペース。アルコープ状の空間が居心地がよいようです。

写真7-8　LT城西の北側ガーデン　　(© 若林聖人)
▶入居者はBBQや花火，ガーデニング等を楽しんでいます。

7.1.3 空間を重ね使いする：FabCafe Tokyo

　これは，レーザーカッターや3Dプリンターなどのデジタル工作機械を備えた，ものづくりを皆で楽しむカフェです。私たちはインテリアの設計を担当しました。最初にこの企画に声をかけていただいたとき，レーザーカッターがあるカフェなんて前代未聞の試みで，イメージがわきませんでした。インテリアのイメージをカフェに寄せればいいのか，それとも工房に寄せればいいのか，わからなかったのです。運営者の方と何度も話し合いながら設計を進める中で，ものづくりが楽しいという体験を空間全体で，みんなでシェアできることが重要そうだということが見えてきました。そこで，カフェの中心にレーザーカッターを配置し，店内のどこからでも目に入るようにしました。結果的にレーザーカッターで何かが出来上がると，店内から歓声があがるなど，居合わせた人たちの間で思わぬコミュニケーションが生まれています。131頁の全体図を見てみると，レーザーカッターと客席の位置関係がわかります。

　渋谷という場所柄，外で仕事をする人も多いので，フリーのWifiと電源を各席に設置しています。イベントやワークショップなども頻繁に開催されています。限られた空間を多用途に使えるように，キッチンや工房の受付カウンターといった比較的大きくて動かせない物をどこに固定して配置するかは，入念に検討しました。結果的には空間の中心側にL時型にそれらをカウンター状に配置し，カウンターを囲むように座席を配置しました。こうすることで，スペース一体で何かイベントをすることもできますし，奥でワークショップをしながら，手前ではカフェを営業するなど，空間を分けて使うこともできます。

　カフェでありながら，もちろん工房であり，コワーキングスペースであり，イベントスペースでもある，というように，限られた空間を多用途に使い回していくことは，これから人が集まる場を考えて行くときに有効なアイデアだと思います。大きな窓面からは，内部の様子がよく見え，内部のアクティビティによってダイナミックに表情が変化します。FabCafe Tokyoは2012年3月にオープンしましたが，3年経って2015年の8月に店舗を拡張しました。厨房スペースが拡充し，イベントやワークショップに使えるスペースも拡張しました。今後の展開もますます楽しみです。

第Ⅱ部　超高齢社会における学習手法

写真 7-9　FabCafe Tokyo　　（© 西川公朗）

▶イベントなども多く開かれる動きの多い空間の中で座席の上は天井を低くし，居心地のよい場所としています。

写真 7-10　FabCafe Tokyo　　（©FabCafe Tokyo）

▶ WS の様子。週末を中心に多くのイベントが開催されます。

第 7 章　新しい，人が集まる場

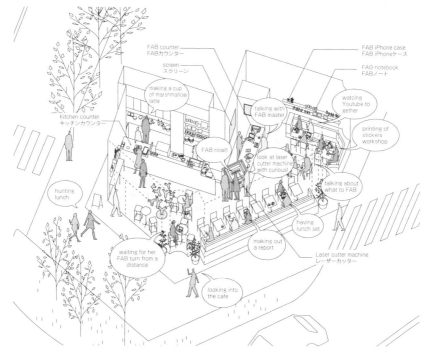

図 7-5　FabCafe Tokyo の全体図

7.1.4　地域にひらく：ガーデンテラス鷹の台

　ここでは3LDK16戸のテラスハウス型の社宅をシェアハウスにリノベーションしました。壁式鉄筋コンクリート造，つまり壁が構造になっている建築だったので，壁に新たに穴をあけることが，予算の都合上できなかったため，3LDKの間取りを大幅には変更できませんでした。48人が住むシェアハウスなので，一般的には大きなリビングやダイニング，キッチンが必要とされるのですが，そんな大きな部屋はつくることができません。最初はどうしようかと途方にくれていました。場所は東京郊外の鷹の台，もともとゆったりとした庭がありましたが，塀で区切られていて，とても閉鎖的な印象でした。そこで，この塀を取り払い，デッキやベンチを設置することで，豊かな外部空間を獲得し入居者全員のための共用空間としました。駐車場だったスペースにシェア畑と

第Ⅱ部　超高齢社会における学習手法

図7-6　ガーデンテラス鷹の台の平面図
▶屋外キッチン，テラス，畑など室内ではなく，屋外にシェア空間をつくりました。

第7章 新しい，人が集まる場

写真7-11 改修前 (© 西川公朗)

▶塀が立ち上がり，閉鎖的な空間です。

屋外キッチンを設置し，BBQなどのイベントができるようにしました。改修前の写真と改修後の写真を見比べてみてください（写真7-11, 12）。とても明るくオープンな空間になったことがわかると思います。シェアハウスは，近隣から見ると，若い人が集まって住んでいて，内部で完結しているのであまりよい印象をもたれないことも多いのですが，ここでは，散歩で通りかかった近所の方が，気持ちいい空間になったと言ってくれる等，敷地を地域に開いたことで，周辺環境にも良い影響を与えることができましたし，近隣住民との関係づくりにも，空間がいい形で寄与できたと思います。シェアハウスは独身の一人暮らしの方を対象とすることが一般的ですが，ここでは個人だけでなく，家族で入居している棟もあります。世帯がミックスされた面白い状況を生んでいるのも，郊外ならではです。近くに武蔵野美術大学があり，学生たちがワークショップでこのシェアハウスの屋外空間を使わせてほしいという申し入れもありました。地域にどう溶け込んで行いくか，期待をしているところです。

133

第Ⅱ部　超高齢社会における学習手法

写真7-12　改修後　　　（© 西川公朗）

▶塀をとりはらい，道路からテラスへ直接アクセスできるよう階段を設けました。樹木も剪定し，明るく開放的な外部空間を実現しました。

写真7-13　庭の様子　　　（© 西川公朗）

▶もともと塀だったところに道路から直接すわることのできるベンチを設置しました。地域に開かれた庭です。

第7章 新しい，人が集まる場

写真7-14 室内からの眺め　　　　　　（© 西川公朗）

▶庭を介していい距離感で外とつながります。

7.2　りくカフェ：被災地におけるコミュニティスペースの新しい展開

後藤智香子・後藤　純

7.2.1　はじめに

　2000年以降，全国的に「コミュニティスペース」が増えています。「交流サロン」や「コミュニティカフェ」「まちの縁側」，など，その呼称はさまざまで，取組みも多様です。共通しているのは，誰もが気軽に立ち寄り，自由に過ごすことができる場，地域のつながりを育むことを大切にし，地域の課題を改善あるいは解決することを目指した場であるという点です。そして，こうした理念の実現のためには，空間のみならず，運営が重要な要素となります。

　ここでは，東日本大震災によって最も大きな被害を受けた自治体の一つである岩手県陸前高田市において，住民が主体となり運営し，著者らも立ち上げから継続的に支援をしているコミュニティスペース「りくカフェ」を紹介します。その設置に至る経緯や設置者の思い，地域のつながりの再生と地域の課題解決を目指した空間と運営の状況を踏まえ，高齢化が進む被災地において「コミュニティスペース」が果たす意義を考えたいと思います。

7.2.2　仮設りくカフェの立ち上げ

①「陸前高田まちのリビングプロジェクト」発足

(1) 被災直後の住民ニーズと自宅開放により支援活動を行う主体の把握

　震災から約1ヵ月経った2011年4月から，東京大学をはじめとする大学の研究室が，陸前高田市の一次避難所や応急仮設住宅団地に暮らす被災者を対象に，数回に渡り聞き取り調査を実施しました。この際に，多くの被災者から「気軽に立ち寄れ，友人と話ができる場所がほしい」など，人々が気軽に憩える場を求める声が多く聞かれました。

　一方，高台地域に居住し，自宅については津波の直接的な被害を免れた住民のなかには，自宅の居間を開放し，自身の人的ネットワークを活用して全国か

ら集めた支援物資を，避難所で生活している被災者に配布し，訪問してきた人々にお茶を振る舞うなどの活動を自主的に展開するグループがありました。そのなかの一人が，現在のりくカフェの運営メンバーの中心である吉田和子さんです。吉田さんは同様の取り組みを，より地域に開かれた場で行いたいという希望をもっていました。

(2) 医療施設を中心とした地域拠点

2011年5月に，地元の医師・鵜浦章さんは自身が所有する高台の私有地を利用し，市内でいち早く仮設の医療施設を設置して診療を再開しました。鵜浦さんは「病院だけでなく，もっと地域の人の役立つように土地を活用したい」という思いをもっており，同敷地内に歯科医院や薬局，スーパー，文房具店なども誘致しました。震災直後の市民生活には欠かせない地域拠点の一角を担っていました。

(3) プロジェクトの発足

鵜浦さんの奥さんと吉田さんが仲の良い友人だったことから地域づくりについて意気投合し，吉田さんと震災前からつながりのあった東京大学の小泉秀樹教授がコーディネートするかたちで，鵜浦さんの敷地に住民主体の運営によるコミュニティスペースの建設を目指すことになりました。こうして8月，「陸前高田まちのリビングプロジェクト」は発足しました。

② プロジェクト実現に向けた検討

(1) 企業からの支援・協力の模索

施設建設には，空間・運営両面でのさまざまな支援が必要であることから，プロジェクト発足後には，小泉教授が呼びかけをして東京大学と首都大学のまちづくりや建築の専門的支援メンバーが集まり，スケジュールの検討やそれに基づく企画書の作成，HPの整備等を進め，企業に対しての支援依頼活動を行いました。特に施設建設費が無いことが大きな課題でしたが，最終的に，大手住宅メーカーを含む住宅関係設備を扱う民間諸企業からの支援を得られることとなりました。

当初は，本設建築物の早期建設も検討されましたが，運営メンバーや支援企

業と議論する中で，寒さが厳しくなる12月下旬の完成を目指して，まずは仮設建築物を設置し，そこでの実践的な運営を通じてさまざまな課題を検討した上で，段階的に本設建築物への移行を目指すこととなりました。

(2) 空間・運営両面からの検討

9月以降は，専門的支援メンバーが月に1，2度の頻度で現地に出向き，運営メンバーとともに，施設の具体像について検討を行いました。運営面では，各地の先進的なコミュニティスペースの事例を比較検討し，運営メンバーの状況や陸前高田市の地域の特徴を踏まえた運営方法等を検討しました。空間面では，運営の具体像が明確化するなかで，それにあった空間設計を検討しました。この際，建築が専門ではないメンバーが理解しやすいように，毎回模型を利用し，ワークショップ形式での検討を行いました（写真7-15）。また，この過程で，施設の名称を「りくカフェ」とすること等も決まりました。

(3) 仮設施設竣工と開設に向けた準備

12月下旬に仮設のコミュニティスペースが竣工しました（写真7-16）。そして，翌年からの施設の運営開始を目指して，運営のコアメンバー（吉田さんを含む，敷地内で内科医院・歯科医院・薬局を経営する医療関係者の妻ら4名）と，その友人で運営メンバーとして名乗りを挙げた主婦8名が施設に集い，今後のスケジュールの検討や，実際の運営でそれぞれがやりたいことを出し合い，運営の具体的なイメージ共有を図りました。

③ 運営スタート

(1) 通常営業の開始

2012年1月9日，プロジェクトメンバーや支援企業の関係者，市職員らを招いて，オープニングイベントを開催しました。運営メンバーがコーディネートした料理が振る舞われるとともに，アカペラや楽器を使った音楽ライブも行われました。

イベント翌日からは通常営業が始まりました。運営初期の主な事業・サービスは次の通りです。

① コミュニティカフェの運営：地域住民等が，日常的に憩い，交流，情

第7章 新しい,人が集まる場

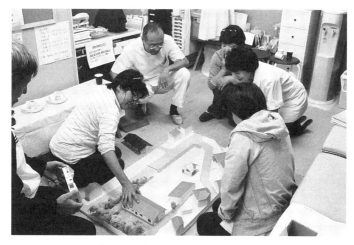

写真7-15 模型を囲みながら空間を検討
(© 成瀬・猪熊建築設計事務所)

写真7-16 仮設のりくカフェ
(© 成瀬・猪熊建築設計事務所)

報を入手できる場の提供。コーヒーや紅茶等の飲み物提供,支援メンバーがパッケージデザインをしたオリジナルコーヒーや地元商店等の商品を販売。(写真7-17)

② 各種イベントの実施:地域住民が楽しみ,交流が生まれる場の提供。

第Ⅱ部　超高齢社会における学習手法

写真7-17　老若男女，多様な方が利用
(©NPO法人りくカフェ)

写真7-18　教室等の場として利用（©NPO法人りくカフェ）

　　たとえば，コンサート，パントマイム，ヨガ講座，ストレッチ講座，手芸講習会，出張レストラン。
　③　場所貸し：新たなコミュニティづくりや地域福祉を支える活動の場の提供。たとえば，つるし雛教室・展示会，医療関係者の勉強会。（写真

第 7 章　新しい，人が集まる場

7-18)
④ 地域懇談会の実施：分断されたコミュニティを繋ぐ機会と場の提供。震災前の旧自治会の交流の場。

　主に平日の10時から16時，土曜日の午前中を営業日としました。利用者はさまざまで，地域住民や医院の利用者，市外から来たボランティアなど，平均すると1日20名程の利用がありました。

(2) 活動の幅を拡大

　運営初期は，毎週運営メンバーによる定例会が開催されました。定例会には私たち支援メンバーも隔週で参加し，日常的な運営における情報共有や課題抽出のみならず，長期的な視点における課題抽出等についても，あわせて検討しました。

　こうする中で，少しずつ新たな活動も生まれていきました。運営メンバーの中にガーデニングの好きなメンバーがいたこともあり，2012年7月に敷地内に「コミュニティガーデン」を整備しました。住民にも興味をもってもらい，地域の憩いの場にもなるよう，千葉大学園芸学部の秋田研究室の支援を受け，ガーデンに植えられた花やハーブを活用したイベントを開催しました。また，食事へのニーズが高いことがわかってきたものの，仮設施設では調理はできないため，お弁当やパンを取り寄せて販売し，2012年11月には生協の移動店舗に定期的に立ち寄ってもらうことも始めました。

7.2.3　本設りくカフェの建設と新しい事業の創出

① りくカフェの新たな役割と持続的な運営方法の検討

　震災から約2年が経過するなかで，2012年後半以降，市内には徐々に店舗が再開し，多様な居場所が増えていきました。また，この頃からりくカフェでは運営メンバーの人件費を有給としました。こうした状況を背景に，運営メンバーは，地域の中でのりくカフェの新たな役割と持続的な運営方法について，月1回の定例会の場等で私たち支援メンバーも加わりながら議論を重ねていきました。そして，運営メンバーに医療関係者が多いという強みを活かして，地

域における「心と体の健康」を担う場として事業を展開していくことにしました。また，当面は助成金を得ながら事業を展開し，運営する方針を立てました。

② 本設建築物の計画づくり

りくカフェは仮設建築物で運営を続けていましたが，敷地が復興道路の計画地にあたること，仮設建築物で使用期限があること，活動が充実してくるにつれ手狭になってきたこと，トイレやコンロがなく設備が不十分であること等から本設建築物の建設を決め，2013年4月から計画を開始しました。設計は，仮設建築物と同様，成瀬猪熊建築設計事務所が担当し，運営メンバーと議論しながら進めました。仮設建築物は当面利用を継続することとし，敷地内の仮設建築物に近接した場所に本設建築物を配置する計画となりました。そして，広さは仮設建築物の約2倍（71.03m^2）に，新たに厨房，トイレ，スタッフスペースを設けた計画となりました。特に厨房には十分な設備が計画されました。これは仮設建築物の運営を通じて，昼食へのニーズが高いことがわかったこと，また運営メンバーのなかには，震災前に市内で仕出し屋を営んでいた者や料理の得意な者がいたことから，ランチ提供の事業化を見据えて計画されました。

③ 本設建築物の建設へ

本設建築物の建設にあたって，多様な財団等から助成金や寄付金をいただけることになり，当初の見込みではそれで賄えるはずでした。しかし，その後被災地における材料費や人材費の急騰により，予算がオーバーしてしまいました。そこで，減額案等を検討するとともに，クラウドファンディングの活用によりおよそ300万円を得て予算を確保し，2014年5月に着工へと至りました。そして，9月末に竣工し，10月5日にオープニングセレモニーを開催することができました（写真7-19, 20）。

④ 健康ランチの提供開始

本設建築物では，新事業として，ランチを提供することにしました。メニューは，りくカフェの特徴を明確に打ち出し，他の飲食店との差別化を図るた

写真7-19　本設りくカフェ内観　　　　　　　（© 西川公朗）

写真7-20　本設りくカフェ外観，敷地奥には仮設カフェが見える
（© 西川公朗）

め，「減塩・低カロリー」の定食にしました（写真7-21）。本設建築物の竣工後，9月に調理のプロを招いて研修を行い，セレモニー翌日からランチの提供を開始しました。お米は地元の「たかたのゆめ」を使用，野菜は地元の家庭菜園を趣味とするおばあちゃんグループに依頼し，旬の採れたて野菜を提供してもら

第Ⅱ部　超高齢社会における学習手法

写真7-21　減塩・低カロリーの健康ランチ

っています。愛情たっぷりの健康ランチは大変好評で，多いときで1日60食も提供されています。近所の親子連れや高齢者，市役所の職員，支援で訪れた人など，お昼時は多様な人で賑わっています。

7.2.4　りくカフェスマートクラブ：介護予防事業の試み
① 介護予防事業の立ち上げ

次に，りくカフェで新たに立ち上げた事業が介護予防事業（通称：スマートクラブ）です。きっかけは，地域に高齢者が多いことから，運営メンバーが高齢者を対象とした「心と体の健康」づくりをしたいと提案したことです。これを受けて，2014年9月に私たち支援メンバーと鵜浦さん，運営メンバーで検討の場をもち，この場で，私たちから「介護予防」に着目してはどうか，今後の地域包括ケアシステムには，住民主体の通いの場が求められていることから，介護予防事業を市と協働してすすめてはどうかと提案をしました。鵜浦さんは医師として日々住民に接する中で，また運営メンバーも日常的にカフェを運営し住民の声を聞く中で，介護予防の取組みの必要性については強く認識していたところでした。さらに，りくカフェとしては，これまで助成金等の単年度の外部資金を主な運営財源として事業を進めてきましたが，人件費も増加する中

で，市から事業を受託することにより，単年度の外部資金にできるだけ頼らない持続的な運営の確立につながることを期待しました。

　こうした認識のもと，10月に市に連携を要請しました。市は，人材や施設等の公的資源が不足しており，コミュニティの中で介護予防を行う体制づくりを課題としていました。また市は，りくカフェには医療関係者がいること，これまでの活動実績も高く評価できることから，りくカフェでの介護予防事業の展開に期待を寄せてくれました。そこで，2014年度中に社会実験を実施して実現性・実効性を確認した上で，市は2015年度から介護保険制度の介護予防・日常生活支援総合事業の「一般介護予防事業」に位置づけることを決めました。

② 介護予防事業の社会実験

　2015年1〜2月に実施された社会実験（全5回）の様子を紹介します。
〔事業概要〕
　対象は60歳以上，募集人数は会場の広さを考慮して6〜10人，参加費は参加の気軽さを重視し350円（昼食代実費と保険料）に設定しました。プログラムは，全体で2時間として，食事・運動・社会参加という3つの観点から総合的に取組み，体験と「小さなことから始める」こと，そして交流しながら「楽しむ」ことに重点を置いています。具体的には，図7-6の通りで，まずは血圧・体重測定を行い，次に短時間の運動，その後咀嚼や料理といった実践的な講義を受けます。運営メンバーも自分の得意分野を活かして講師を担っており，またコミュニティガーデンのハーブも題材として活用しています。昼食会は，時間を十分にとり，りくカフェで一般客に提供している減塩・低カロリーの定食を体験しながら，参加者同士の交流を深められるようにしました。

③ 社会実験の様子

　参加者は8名（男性2名，女性6名）で，60〜64歳が2名，65〜74歳が5名，75歳以上が1名でした。参加した目的について聞いてみると，「家に閉じこもりがち・精神的に塞ぎがちで外に出たいと思ったため」が3名，「健康づくりに関心あったため」が3名，「健康面に不安があったため」が2名でした。ま

第Ⅱ部　超高齢社会における学習手法

```
・プログラム：
 11:00-11:15　血圧，体重測定
 11:15-11:35　インストラクター指導による軽い運動
 11:35-12:00　健康ミニ講座
    ①あいさつと総論（講師：NPO法人りくカフェ代表理事）
    ②咀嚼，口腔ケア（講師：歯科衛生士・NPO法人りくカフェ理事）
    ③食事，栄養バランス，減塩，カロリー等（講師：NPO法人りくカフェ理事）
    ④料理教室（講師：管理栄養士）
    ⑤ハーブ（講師：NPO法人りくカフェ理事）
 12:00-13:00　昼食会
```

図7-6　スマートクラブ（社会実験）のプログラム

た，参加にあたって楽しみにしていたこととしては，殆ど全員が昼食会を挙げており，昼食会は，りくカフェが提供している昼食を体験しつつ参加者等が相互に交流する機会として，当プログラムの強みになっていることが分かりました。

参加者の殆どが初対面でしたが，少人数だったこともあり，毎回和気あいあいと楽しく行うことができました（写真7-22, 23）。

社会実験後，次なる展開も始まっています。社会実験後の状況について把握するため，終了から1ヵ月後に，改めて参加者に集まっていただく機会を得ました。この際に，「これで終わるのはもったいない」といった意見が多くあったため，「OB会」として月1回程度集まって，活動をし，食事会をするということになりました。小さなことでもよいので健康に資する活動を習慣化できるよう，OB会をいかに有意義なものとするか，現在はその仕組みづくりに取り組んでいます。

④　介護保険制度の活用へ

2014年度の活動成果を市に評価いただき，2015年度は介護保険制度の一般介護予防事業を市から受託することになりました。7回コース／期を4期実施し，いろいろな方にご参加いただきました。

第7章　新しい，人が集まる場

写真7-22　軽い運動を楽しむ

写真7-23　参加者全員でりくカフェの健康ランチを楽しむ

7.2.5　高齢化が進む被災地においてコミュニティスペースが果たす意義

　震災直後，地域にお店等も十分でない時期に，行政に頼らずに，民間主体のコミュニティスペースとしてりくカフェは立ち上がりました。仮設建築物でありながら，誰もが気軽に立ち寄り自由に過ごせる場，地域活動や支援活動の拠点を創出したという点で意義が大きいと考えます。

現在，震災から5年以上が経過し，外部からの支援は減少傾向にあり，また店舗を含め多様な場所が地域に創出されています。少しずつではありますが，日常の暮らしを取り戻しています。一方で，地域課題に目を向けると，被災地域の多くで，急激な高齢化が進んでいます。こうしたなか，現在仮設住宅から災害公営住宅への転居期にあるなど，被災地域における高齢者をとりまく生活環境も日々変化しています。変化に順応できない高齢者も多く，また集まる場や機会が少なく，生活習慣の乱れや閉じこもりなどのリスクが非常に高い状況にあります。高齢化が進む被災地域においては，高齢者を支える施設や人材は重度要介護者等に集中せざるをえないため，介護予防については，コミュニティのなかで体制を構築して対応することが重要と言えます。こうしたなかで，りくカフェは，「心と体の健康」を担う場としての役割を認識し，地域における介護予防の課題に応えるため，コミュニティスペースとしての人材や空間資源，事業として提供している食事などを活かし，新しい介護予防事業を展開している点で大きな意義があると考えています。

7.3　おわりに

成瀬友梨

　「新しい，人が集まる場」の作り方について，ハードとソフトの両面からお話をしてきました。今までなかった場を新たに作る場合，誰も正解を知りません。関わる人全員が素人といってもいいくらいに，わからないことだらけです。その中で，できる限り想像力を働かせて，何がしたいのか，そのためには何が必要なのか，考える労力を惜しまないことが重要だと思います。この考えるという作業，ひとりで悶々とする時間も必要ですが，そればかりだと効率があがりません。関わる人同士，話し合って意見を交換し合いながらの方が，きっといい結論に導かれる，これはさまざまなプロジェクトに関わってきた私の経験から自信をもって言えることのひとつです。これは企画・設計段階のためだけでなく，実際に運営が始まってからにも非常に有効です。なにしろこれまでに

ないモノを作っているので，どんなに考え尽くしても，運用が始まると想定外のことが起こります。そのときに，誰かのせいにするのではなく，全員が主体的に改善策を考えることができるために，プロジェクトの最初から，全員が当事者意識を持つことが大切なのです。そのために，議論を惜しまないことです。

　また，お互いにイメージを共有することもとても大切です。同じ単語を使って話していても，頭に描いている光景が全然違うということも少なくありません。そこでおすすめの方法は，いいなと思う場所を，イメージ写真等を用いて，関わる人全員で共有すること，そして，できれば実際に，一緒に事例を見に行くことです。たとえばKOILの場合は，クライアント，プロデューサー，そして私達設計者全員で，わざわざボストンにある類似施設の視察に行きました。結果的にその施設に似ている部分もあれば，全く異なる部分もあり，全体としては随分違うものになりましたが，打ち合わせでは何度も現地視察で見てきたことが話題に上りました。百聞は一見に如かず，なのです。

　そして，シェアハウスの紹介のところでも言及しましたが，人が集まる場を考えるときに，大切にしているのが「ひとりでいることが許容される」空間であることです。建築家の槇文彦さんが「ひとりのためのパブリックスペース」と言っていますが，一人一人が思い思いに，気兼ねなく過ごしていながら，寂しさを感じない空間であることが，とても豊かだと思います。たとえば木の下のベンチで本を読むと居心地がよかったりしますね。みんなで盛り上がれる場所の周りに，拠り所のある居場所をそっと配置すること，これがとても大切です。

　「シェア」というコンセプトを掲げていると，「誰でもつながることが価値だ」と考えている人，と誤解を受けることがあります。実際は，つながることが目的化しているような風潮には違和感すら感じています。シェアはとても広い概念です。価値観や目的を共有した人が集まってつながることもそうですし，超高齢化が進む地方で，高齢者が生きて行くために隣人や地域とつながりをもつことも含まれます。これらを一緒くたにすると，解像度が荒くなってしまうので，個別に考えていく必要があると感じています。

　この章で紹介した事例は，いずれも場ができてから間もないものばかりです。

5年後,10年後どんな姿になっているかわかりませんが,続いていたらいいなと思っています。そこで残っているものが何なのか,丁寧に見続けてゆきたいです。

参考文献

大宮透・小泉秀樹・成瀬友梨・猪熊純・後藤智香子(2012)「大規模災害後の仮設期のまちづくりにおけるコミュニティ・スペース設置の意義――岩手県陸前高田市に設置した「りくカフェ」を事例として」都市計画論文集47(3): 553-558。

後藤智香子・後藤純・小泉秀樹・成瀬友梨・猪熊純・似内遼一(2015)「岩手県陸前高田市「りくカフェ」における住民主体の介護予防事業の意義」都市計画論文集。

倉持香苗(2014)『コミュニティカフェと地域社会』明石書店。

日本建築学会編(2012)『空き家・空きビルの福祉転用 地域資源のコンバージョン』学芸出版社。

WAC編(2007)『コミュニティ・カフェをつくろう!』学陽書房。

日本建築学会(2010)『まちの居場所』東洋書店。

第8章

プロジェクトを通じた高齢者の学び
——ほのぼの研究所における取り組み——

大武美保子

　認知症高齢者の数は，高齢化の進展に伴って増え，認知症予防手法への社会的要請が年々高まっています。時代背景を踏まえ，筆者は，高齢期に衰えやすいとされる認知機能をバランスよく活用する双方向会話支援技術，共想法を考案しました。共想法は，認知症予防の観点として会話に着目し，写真を撮ることを通して会話の力を引き出す手法です。千葉大学で教員を務めると同時に，特定非営利活動法人ほのぼの研究所の代表理事を務めています。大学で基礎研究，研究所で実践研究を主に行い，手法の深化と実用化を同時に進めています。

　大学で新しい手法や技術を開発し，実用化する際，企業と連携して事業化したり，大学発ベンチャーを興したりする方法が，一般に取られます。共想法を考案した際，これらのステップを踏む前に，高齢者に体験いただくことを通じ，次の3つのことを確かめたいと考えました：1）多様な状況の高齢者を対象に実施できるか，2）目的とする効果は得られるか，効果を高めるための条件設定は何か，3）高齢者自身による実施ができるか。特に3つ目の，高齢者自身による実施については，今後予想される，高齢者が人口の3分の1以上を占める多数派になった時に，高齢者が自ら実施し，相互に認知機能を維持することができる手法が求められると考えたからです。そこで，非営利活動として，共想法による認知症予防プログラムを設計することにしました。

　三つのことを確かめた本稿の執筆段階では，NPO法人をハブとして，複数の企業や自治体等と連携し，それぞれが主体になった事業が展開できるよう支援する活動に重点を置いています。企業とは，営利活動として，自治体とは，公的サービスとして，共想法による認知症予防プログラムが成り立つようにす

る方法を，それぞれ検討しています．このようにすることで，複数の事業を次々と生み出し，認知症予防につながる健康支援産業や制度を作り，防ぎうる認知症にかからない社会を実現したいと考えています．

本章では，共想法の概要と，共想法を実践研究するほのぼの研究所において，高齢者と共に取り組んだプロジェクトについて紹介し，高齢者がプロジェクトを推進する意義と，困難を相互学習により乗り越える方法について考察します．

8.1 認知的健康につながる会話支援――共想法

筆者は，知能を人工的に作ることを目的とした研究を行う人工知能の分野で研究をしています．人工知能はいずれ人間の知能に追いつくと言われていますが，一方で人間の知能は高齢になり認知症を患うと衰えてしまいます．筆者の祖母も認知症になり，介護施設に入りました．祖母に会いに行った時，何もなくても話をすることができましたが，写真を使うと話が広がりました．自力だと堂々めぐりになってしまいますが，いろいろな刺激を受け取ることで，頭のなかに入っているけれど，自分では取り出せない記憶を取り出すことができます．認知症でない人も，自分では取り出せない記憶があり，他者からヒントを与えられたときに思い出せれば，実は自分がそれを知っていたことに気づけ，人に伝えることもできます．記憶を構成する3つのプロセス，覚えること，覚えておくこと，思い出すこと，これらを起こすためには，会話をする環境に身を置く中で，身近な体験を意識的に覚え，話題として伝えられる形で覚えておき，覚えておいたことを思い出して会話の中で実際に使うことが有効です．そのためのツールとして写真を使う方法を考案しました．

ここで認知症の定義を確認しておきます．認知症とは「脳や身体の疾患を原因として，記憶・判断力などの障害が起こり，普通の社会生活が送れなくなった状態」を指します．アルツハイマー・脳血管障害など，記憶に関係する部分の障害が原因となって発症することが多く，本稿執筆段階では，800万人が認知症にかかっている，またはその予備軍の状態であると推定されています．

一方で，口腔ケアの分野に目を移し，歯がない人の割合を見てみると，1975

年から2005年までの30年間で、55歳から64歳までの年代において、20％から2％へと、10分の1に減少しています。これは、80歳までに歯を20本残すことを目指す8020運動を通じ、歯磨き習慣・歯医者の定期検診による口腔ケアが定着したことによるものです。あたかも歯磨きをするかのように、一日5分でもよいので、認知機能をフルに活用できる活動を生活に取り入れたらどうだろうかと考えました。認知症には遺伝的要因などさまざまなことが関わっていますが、口腔ケアの習慣に相当する活動が現在行われていないことから、それを導入することで、発症の割合を劇的に減らすことが期待できます。生活習慣にアプローチすることが効果的であると考えられます。脳は筋肉に次いで、使い方により機能と構造が変化する可塑性が大きい器官であることが知られていて、脳の使い方の生活習慣を変えることが、課題となります。

　認知症予防に会話はどう関係するのでしょうか。社会的交流の多さと認知症発症の関係を調べた観察研究によると、交流が少なくて認知症になる人が6人に1人であるのに対して、交流の多い人はわずか50人に1人でした。一般に、相関があるからと言って因果関係があるとは言えませんが、生活習慣と健康状態は入れ子の関係にあることから、疾患予防研究においては、まず、注目する現象と相関がある要素を調べる観察研究が行われ、ついで、その要素を変えることにより、注目する現象によい影響を与えることができるかどうかを確かめる介入研究が行われます。これまでに、認知症発症の要因として、社会的交流の他に、食事、運動、知的活動があることが観察研究により見つかっていて、介入研究により検証されています。社会的交流については、人間関係が関わるため、一人で実施できる既存の3つと比べて介入が容易でない特徴があります。そこで、社会的交流の基礎となる会話に、介入手段として注目しました。

　しかしながら、社交的に見えても認知症になる人がいるのは事実です。こういった人は、自分ばかりが話して相手の話を聞いていないなど、記憶の入出力を伴う会話をしていない可能性があります。すなわち、情報を受け取って取り出すというループが出来ていないと考えられます。よって、認知症予防として機能する会話において重要なのは、話すことと聞くことがバランスよく含まれるのか否かという点です。

従来の会話研究は，次のようなものがあります。組織としてよりよい結論を下すことができるようにすることを目的とする会議支援や，会話が成り立つメカニズムを理解することを目的とする会話分析，人間と自然に会話できる会話エージェントを人工的に創り出すことを目的とする会話情報学などです。これに対し筆者は，会話をする人が健康になることを目的としています。年を取ると衰えやすく，認知症発症の前段階で急激に衰えるとされる３つの認知機能，体験記憶，計画力，注意分割を，会話を通じて活用できるよう支援するのが共想法です。すなわち，高齢者が，認知機能を使わないことによって引き起こされる機能低下を防ぎ，認知症にならないために，どんなことを話そうか意識して計画して考える，自分の体験を意識して話題にする，会話をするときも注意を切り替えながら話す，話しながら聞くといった会話を手法化したものが「共想法」です。

　共想法は次の２つのルールで定義される会話支援手法です：１）テーマをあらかじめ設定して，参加者が写真と話題を持ち寄る，２）順序と持ち時間を均等に決めて，話題提供する時間と，質疑応答する時間を分け，参加者に聞くことと話すことのバランスのとれた会話の機会を作る。

　共想法をスムーズに実施し，実施と同時に記録が残せるよう，共想法支援システムを開発し，運用しています。システムを用いた実施手順について述べます，持ち寄られた写真を共想法支援システムに登録し，パソコンに接続されたスクリーンに映し出します。参加者は，スクリーンを囲むように配置された椅子に座り，それぞれの話題と共に，スクリーン上に大きく映し出される写真を見て会話します。実施者は，参加者の後ろに座り，スクリーンを見ながらシステムを操作し，司会したり記録したりします。共想法実施の様子を写真８−１に示します。前列でマイクを持っているのが話題提供者，後列でマイクを持っているのが司会者です。

　共想法は，過去を意識的に回想する回想法と比較して，思考の時間軸を過去に固定しないため，会話において提供される話題は，現在，過去，未来を自由に行き来するものとなります。

第 8 章 プロジェクトを通じた高齢者の学び

写真 8 - 1 　共想法実施の様子

8.2 　高齢者が参加する認知症予防研究——ほのぼの研究所

　ほのぼの研究所は，認知症予防を目的とする会話支援手法，共想法を，効果的に実施する手順と社会実装手法を研究し，防ぎうる認知症にかからない社会の実現に貢献することを目的として，2007年7月に，研究拠点として設立されました。そして，2008年7月に，研究拠点の運営組織を NPO 法人化しました。実践研究を中心的に担ってきたのは，平均年齢70歳代，最高90歳代の，市民研究員と名付けた高齢者です。最初は共想法に参加した人が実践者・運営側となり，市民研究員として活躍しています。脳血管障害を経験された方，足腰が悪い方，耳が遠い方も参加しています。市民研究員は共想法の実施研究の共同研究者として，共想法の新しい実施方法を発見しています。さらに，大学，企業，自治体，公的機関，病院，介護施設，福祉活動 NPO と連携し，多世代での協働事業を実践しています。写真8-2は，ほのぼの研究所の活動に携わる関係者の集合写真です。

第Ⅱ部　超高齢社会における学習手法

写真8-2　ほのぼの研究所関係者

　ほのぼの研究所の活動は，基本的に週1回，千葉県柏市の介護予防施設において行ってきました。活動時間は，午後13時30分から16時30分まで，共想法プログラムと，運営会議である研究会を行います。プログラムを実施する日は，プログラムは前半の15時頃までとし，終了後はおやつ休憩をはさんで後半の15時30分から1時間程度，研究会となります。プログラムを実施しない日は，おやつ休憩をはさんで前半，後半とも研究会を行っています。研究会では，共想法プログラムを実施するための準備をしたり，実施結果を考察し，改良を加えたり，新たなプログラムを考案したりしています。この他，ほのぼの研究所が取り組む事業を運営したり，活動の推進に必要な知識や技術の相互学習をしたりしています。以下に，主な共想法プログラムとして，共想法継続コースと街歩き共想法について紹介します。

　共想法継続コースは，2週間に1回ペースで，月2回，合計4回の共想法を1セットとし，これを，夏学期，秋学期，冬学期の3回，年3セット行うものです。共想法に継続的に参加したいという実施上のニーズと，継続的に参加した場合の長期的な効果を明らかにしたいという研究上のニーズから，2011年4月から，共想法継続コースを開始しました。継続コースに参加している参加者を対象に，定期的に認知機能検査を行い，認知機能が維持されていることを確

第8章　プロジェクトを通じた高齢者の学び

写真 8-3　街歩き共想法における街歩きの様子

かめています。継続コースを実施する中で、共想法に効果的に参加するためには、すでに撮影した写真を持ち寄るのではなく、テーマを与えられてからそのテーマに沿った写真を新たに撮影し、その時の体験について話題提供をするプロセスを踏むことが重要と分かってきました。このようにすることで、最近の体験について記憶するという、加齢と共に低下しやすく、認知症の初期段階で最初にできなくなることを、共想法に継続して参加頂くことでできることになります。すなわち、話題探しが重要ということです。

共想法継続コースで得られた知見を踏まえ、話題探しをする機会として、街歩きをし、写真を撮影し、そこでの体験について撮影した写真を用いて会話する、街歩き共想法プログラムを考案しました。これまでに、東京都、千葉県、茨城県、埼玉県、愛知県の全7か所で、計8回開催してきました。2015年11月は、千葉県成田市成田山新勝寺および成田山公園において、千葉大学の学生を実習生として受け入れるインターンシップ型授業の一環として、街歩き共想法を行いました。写真8-3は、街歩き共想法における街歩きの様子です。

ここではさらに、旅行社、印刷会社と連携し、街歩き共想法を通じて集まった写真と話題を編集し、フォトブックにまとめる、本作り街歩き共想法を試行しました。共想法に高齢者が好む観光の要素を加え、フォトブックという形にすることで、付加価値を高め、営利活動として事業化する可能性を検討しまし

第Ⅱ部　超高齢社会における学習手法

写真8-4　クリスマス講演会の交流会の様子

た。

　ほのぼの研究所の事業は「普及」「育成」「実施」「連携」「研究」の5つから構成されています。第一の「実施」事業では，上記で述べたように，新たな共想法プログラムを開発し，実施しています。第二の「普及」事業では，年2回自主的に開催する講演会，各団体からの要請に応じて実施する出前講座，年2回発行するニューズレター，毎週更新するブログといった情報発信と，適宜取材協力をしています。写真8-4は，クリスマス講演会の後の交流会の様子です。サンタクロースやトナカイのかぶりものをするのが恒例になっています。

　第三の「連携」事業では，千葉県の介護予防施設以外の各実施研究拠点における実施を支援し，共同研究しています。長崎県の病院，茨城県の介護施設，埼玉県の福祉施設と協働で，医師，看護師，作業療法士，臨床心理士，保育士，健常高齢者の実施者の協力を得て，共想法による認知活動支援を行い，初期の認知症高齢者，軽度認知障害高齢者，要介護者，健常高齢者など，状態に応じた個別適合型認知活動支援の手法を明らかにしてきました。写真8-5は，介護施設で共想法を実施している様子です。

　第四の「育成」事業では，千葉県の介護予防施設において，健常高齢者を対象として，共想法の効果的な実施方法を学ぶ実践コースを開催し，年1回，全拠点の実施者が集まる合同研修を行っています。第五の「研究」事業では，実

第8章 プロジェクトを通じた高齢者の学び

写真8-5 介護施設における共想法の様子

施手順書や，動画記録，予算申請書，報告書の作成，共想法支援システムやロボットの利用評価，研究発表等を行っています。これらはすべて，市民研究員の主体的な運営のもとに行われています。

　以上の活動を通じ，冒頭に述べた，3つの問いに対応する知見が得られました。1）多様な状況の高齢者を対象に実施できるかという問いに対しては，健常高齢者から軽度認知症高齢者まで実施可能であることを，実施を通じて確かめました。2）目的とする効果は得られるか，効果を高めるための条件設定は何かという問いに対しては，継続参加者の認知機能が維持されていることを予備的に確かめました。また，継続的に実施することで，日常生活における行動変容が引き起こせること，さらに，話題探しを支援することで，さらに効果を高めることが可能であることを明らかにしました。3）高齢者自身による実施ができるかという問いについては，高齢者の主体的な運営により，「普及」「育成」「実施」「連携」「研究」の5つの事業が可能であることを，実施を通じて示しました。

8.3 高齢者によるプロジェクトの推進を支える相互学習

高齢者にとって，コミュニティに参加し，プロジェクトを推進する意義について3点，認知的心理的な健康と，生活の質の側面から考察します。

第一に，認知症発症を防ぐのに役立つ3つの認知機能を活用できます。年を取ると衰えやすく，認知症発症の前段階で急激に衰えるとされる3つの認知機能，体験記憶，計画力，注意分割を，会話を通じて活用できるよう支援するのが共想法です。この3つの認知機能は，プロジェクトを推進することを通じても活用することができます。プロジェクトの計画を立てることを通じて計画力を，プロジェクトを構成する複数の課題に注意を向けながら，準備，実施することを通じて注意分割を，プロジェクトの実施を通じてさまざまな新しい体験をし，その実施記録をまとめ，情報発信することを通じて体験記憶を，それぞれ訓練することができます。ほのぼの研究所の活動に参加すること自体が，最大の認知症予防であると言われる所以でもあります。

第二に，現在に意識を集中させることができます。プロジェクトを推進するため，準備する段階では，近い未来に，実施する段階では現在，報告する段階では，近い過去に意識が集中することになります。このため，うつに見られるように，遠い過去の失敗へとらわれたり，不安症に見られるように，遠い未来の不安へとらわれたりする時間がなくなります。現在に意識を集中させることが重要であることは，心理学の研究でよく知られていることで，幸福感の向上につながるとされています。

第三に，一人ではできないことを実行することができ達成感が得られます。ある人ができない課題がプロジェクトに含まれていても，その課題を遂行できる他の人と協力することで，個人ではできない課題を，コミュニティとして遂行することができます。このため，一人ではできないことを仲間と共に実行し，実行を通じて新しい体験をし，達成感を得ることができます。ほのぼの研究所で定期的に開催している，100名あまりが参加する講演会などは，一人ではできないことですが，複数人で役割分担することで，開催することができていま

す。

　以上のことから，高齢者がプロジェクトを推進することができれば，社会にとってだけでなく，それに従事する高齢者にとってもよい影響があると言えるのです。

　ただし，プロジェクトの推進に必要な知識やスキルを，最初から持ち合わせているとは限らないので，ほのぼの研究所の市民研究員の中では，相互学習が頻繁に行われています。運営に関する学習方法は基本的には On the job であり，できたことを他の人に伝えることでノウハウの共有が行われています。最初にやり方を習得した人が，まだ習得していない人に伝えます。一人ではわからなくなったときに前に進めなくなることでも，周囲の人に教えてもらうことで，その先まで進むことができます。相互学習が特に顕著に見られるのが，プロジェクトの成果を情報発信するブログにおいてです。以下，ブログ作成において見られる相互学習について述べます。

　ほのぼの研究所のウェブサイト内にあるブログ，ほの研ブログでは，2009年4月に開始以来，週1回のペースで記事を配信してきました。内容は，活動報告と共想法における話題の2種類に大別されます。前者は，その都度開催される共想法プログラムの紹介の他，年2回開催する講演会，交流会，随時依頼に応じて開催する出前講座の実施報告などを含みます。後者は，共想法における話題を紹介するもので，話題要旨と用いられた写真，その話題に対するコメントで構成されます。写真8-6は，ブログ記事「湯たんぽの5活用」に掲載された，共想法で用いられた写真です。表8-1は，その話題要旨とコメントです。

　当初は，それ以前から自分のブログを作っていた市民研究員が，原稿の収集とシステムへの登録を一人で担当していました。その後，担当者の負荷を分散するため，原稿の配信計画と実行は担当者が行い，原稿へのシステムへの登録を交互で行うこととしました。この際，やり方を習得した人がマニュアルを作り，そのマニュアルを見ながら別の担当者が実施し，質問と回答を踏まえて内容を改定しています。2015年6月時点での，ブログ作成マニュアルの目次を表8-2に示します。

第Ⅱ部 超高齢社会における学習手法

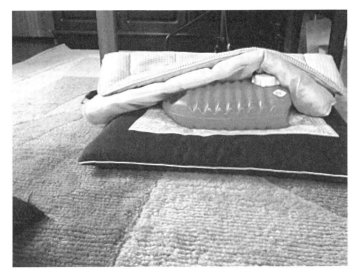

写真8-6 ブログ記事「湯たんぽの5活用」の写真

表8-1 ブログ記事「湯たんぽの5活用」の話題要旨とコメント

> 暖房用灯油ストーブの上で沸かした熱湯入りの湯たんぽ。一日24時間出動する。スタートは就寝前で就寝用布団の中。2回目は起床前に着替え用下着を温める。3回目は起床後洗面所で顔洗い温水として。熱した湯を入れて朝食時の食卓下で足温用として4回目の活用。5回目は居間の掘りごたつの中で毛布に包まれて電熱の代用として。
> きらりびと第1チーム　S.A.さん
>
> コメント：きらりびと　T.T.
> 　な〜るほど！の湯たんぽ活用法でした。これだけ使ってもらえると湯たんぽさんも働きがいがありますね。みんなで「へ〜」「ほ〜」「そうか」とうなずきながら，昔を思い出したり，すぐやろうと思ったりしたお話しでした。

　担当者を中心に，マスターした人から，市民研究員同士で教え合い，学び合いをすることで，全員での担当が可能となりました。これには長い時間がかかり，また，回り持ちなので，順番が回ってくる度に忘れていて，毎回覚え直す必要があり，必ずしも効率的な方法ではない面もあります。それでも，記事を作成することを通じて，共想法で提供された話題について，改めて思い出す機

表8-2 ブログ作成マニュアルの目次

1．共想法の話題「ほの研ブログ」の投稿の準備	…1ページ
2．ほの研ブログに写真を登録する	…3ページ
3．ほの研ブログの投稿	…10ページ
4．承認された投稿記事を送信する	…22ページ
5．メール新規作成	…23ページ
6．賛助会員へ研究員へ	…24ページ
7．実際のひな形で見てみよう	…25ページ
8．ほの研日誌の投稿	…27ページ

会になり，実施者の理解を深めることにつながっています。

　相互学習において，「わからない」と言える高齢者の存在は重要です。わかることやできることがかっこいいことなのではなく，何かを実現するためにわかることやできることを増やしていくというマインドで活動を行っている高齢者が，長く市民研究員を続け，わかったふりやできるふりをしてしまう高齢者らは，離脱していってしまいます。わかったふり，できるふりをしないというマインドが，自分は学び成長することができると信じる，真の自信を育むのです。同時に，分からないこと，できないことに耐えられるだけの自信が必要で，プロジェクトが推進できることと自信を育むことは，鶏と卵の関係にあります。これが，高齢者がプロジェクトを推進する難しさであり，同時に，意義でもあると言えます。成長し続ける組織に参加するためには，学習が不可欠であることは明らかです。高齢者にとって，実際に簡単ではありませんが，不可能ではないことを，ほのぼの研究所の取り組みは示しています。

参考文献
大武美保子（2012）『介護に役立つ共想法――認知症の予防と回復のための新しいコミュニケーション』中央法規出版。

第9章

超高齢社会とカフェ型ヘルスコミュニケーションにおける学び

孫　大輔

9.1　超高齢社会とヘルスコミュニケーション

　世界一急速に高齢化しているわが国においては，地域包括ケアシステムの構築が叫ばれており，そこではコミュニティ主体の医療・介護のあり方，地域住民に寄り添い，地域に積極的に出て行く医療者の役割が求められています。今や，医師でさえ病院の中だけに留まっていては理想的な地域医療は構築できない，と言えるかもしれません。そのためには，地域住民と医療者がお互いフラットな立場で「対話」を行うことが不可欠ですが，従来そうした場は多くありませんでした。筆者は医師（家庭医）で，現在大学で医学教育に従事していますが，2010年より市民・患者と医療者の対話の場「みんくるカフェ」を定期的に主催してきました。超高齢社会におけるヘルスコミュニケーションの一形態としてのカフェ型の対話には，どのような意義があるのでしょうか。

　みんくるカフェを始める前に，診療の中で筆者が日々感じていたのは次のようなことでした。「患者さんは診察室に来ているときに遠慮している」，「本当はもっと医師といろいろと話をしたいと感じているみたいだけど，遠慮して言葉を呑み込んでいるのではないか」と。通常の外来診療は，半日で数十人を診察しなくてはいけないので，1人にかけられる時間は限られています。もっと患者さんや地域住民の話を，診察室の外で，ゆっくり時間をかけて聴き，またこちらも伝えたいことを伝えられる，よりフラットで自由な場を主催してみてはどうだろうか？　という思いが，活動を始める契機となりました。

　一般に，患者と医療者間のコミュニケーションには以下のような特徴がある

写真 9-1　みんくるカフェの風景

と言われています。それは①「力」の不均衡（知識，情報，社会的地位の差），②　視点の違い（生物医学的な異常としての疾病（disease）と社会心理的側面を含めた生活の中の病い（illness）），③　不確実性（医療に内在する予測不可能性），④　話題の特殊性（生死，宗教，性生活などセンシティブな話題），などです（石川 2012）。どうしたら，市民・患者と医療者がそうした情報や立場の非対称性を乗り越え，お互いの視点の違いを理解できるようなコミュニケーションを行うことが可能になるでしょうか。診察室における互いに役割が限定された形でのコミュニケーションではなく，医療者も白衣を脱ぎ，市民も患者ではなく一個人として参加する「カフェ」という形態でのコミュニケーションには，一つの可能性があるのではないか，と考えたのです。

9.2　カフェ活動の系譜

いわゆる「カフェ」型の活動にはどのような系譜があるのでしょうか。筆者が考えるカフェ活動の系譜には少なくとも以下の3つがあると考えています。すなわち，哲学カフェ＝サイエンスカフェの系譜，ワールドカフェの系譜，そして，アルツハイマーカフェ（認知症カフェ）の系譜です。

哲学カフェはフランスとイギリスにその起源をたどることができます。1992年にフランスの哲学者マルク・ソーテ（Marc Sautet）は「哲学を大学から市民の元へ」というコンセプトのもと哲学カフェ（Cafe Philosophique）を始めました。実際に街のカフェに市民と学者などが集まり，哲学の話題についてのスピーチがあった後，対話を行うという形式でした。パリには元々「カフェ」文化があり，カフェが市民にとって憩いの場であると同時に，さまざまな情報交換・意見交換の場でもあったことも影響したのでしょう。その後，イギリスのダンカン・ダラス（Duncan Dallas）はそれを手本にして，哲学カフェの科学版であるCafe Scientifiqueを1998年にリーズで初めて開催します。これがサイエンスカフェの始まりです。この目的は，科学を議論する文化を作ることにありました。社会と科学との間を「対話」によってつなぐ，という新しいスタイルが芽生えた時と言えるでしょう。その頃，フランスでもサイエンスカフェに相当するBar des SciencesやCafe des Sciencesが開催されていました。その後，2004年にイギリスのCafe Scientifiqueが日本に紹介されました。当時，文科省が「科学と社会との対話」の重要性を強調したこともあり，この活動が双方向コミュニケーションを行う上で非常に有益な手法として脚光を浴びたため，瞬く間に日本中に広がりました（松田 2008）。

ワールドカフェは，1995年にアメリカのアニータ・ブラウン（Juanita Brown）とデイビッド・アイザック（David Isaacs）が開発したミーティングの手法です。その始まりは，会社のミーティングがマンネリ化している際に，休憩のコーヒータイムでの話し合いの方が活性化する，という発見からでした。ワールドカフェでは，カフェのようなリラックスした雰囲気の中で，小グループでの話し合いをメンバーの組み合わせを変えながら進めていく話し合いの手法をとっています（中村 2014）。こちらも2000年代に入って日本に紹介され，現在ではさまざまな場所でワールドカフェが実践されています。企業における組織開発，地域コミュニティにおけるまちづくりのための対話，そして近年では医療・保健・介護の分野でも，さまざまな場所でワールドカフェを用いた対話が行われるようになりました。

以上が対話を基軸としたカフェ活動だったのに比べ，障がいをもった方とそ

第 9 章　超高齢社会とカフェ型ヘルスコミュニケーションにおける学び

のサポーターへのケアを目的とした活動に「アルツハイマーカフェ」がありま
す。これは1997年にオランダで始まりました。オランダアルツハイマー協会と
心理学者が協力して開始し，認知症患者，家族，友人，地域住民，専門職など
が参加して，情報交換やさまざまなアクティビティを行います。オランダでは
全国200カ所以上で開催されているそうです。日本でも「認知症カフェ」とい
う名前で普及しつつあり，2012年に厚生労働省がオレンジプラン（認知症施策
推進5カ年計画）の中で「認知症カフェ」の普及を謳ってから，現在では各地
で開催されています（苅山 2014）。

　英国でのサイエンスカフェのスタイルは，1人のゲストが20分ほど話題提供
を行い，ドリンクなどの休憩時間をはさんで，ゲストと参加者の間の対話が1
時間ほど行われます。そこで重視されていることは，多様な意見を交換するこ
と（多様な参加者を受け入れること），講話ではなく対話と意見交換を中心と
すること，参加者は専門家だけでなく主に一般市民で構成されること，などで
した。このフィロソフィーは，筆者が実践しているカフェ型ヘルスコミュニ
ケーションにも受け継がれています。また，対話の手法としてはワールドカフ
ェも取り入れており，また，障がい者や患者といった当事者が参加することも
あるという意味では，上記3つのカフェ活動の系譜がすべて受け継がれている
と言ってもよいかもしれません。

　医療や介護・福祉の分野でのカフェ型の対話活動は，筆者の実践している
「みんくるカフェ」以外にも，主なものに北海道発の「ケア・カフェ®」や，東
京を中心とした「ペイシェントサロン」があります。ケア・カフェ®は，医療
介護福祉領域間の，特に現場においてのバリアをなくす目的で行われいるもの
で，ワールドカフェの手法を用いて，ケアに従事する人々が対話と意見交換を
行っており，現在30を超える都道府県で開催されています（阿部ほか 2015）。
ペイシェントサロンは，難病患者が主体となり始められた活動ですが，参加者
は患者に限らず一般市民や専門職も混じり，カフェ型の対話手法を用いて意見
交換が進められています（木村 2015）。

第Ⅱ部　超高齢社会における学習手法

9.3 カフェ型ヘルスコミュニケーション「みんくるカフェ」

9.3.1 みんくるカフェの実際

　カフェ型の対話手法を使うとさまざまな背景の人が混じっていても，よりフラットな対話を行うことができます。そうしたサイエンスカフェやワールドカフェの手法にヒントを得て，市民・患者と医療専門職が垣根を超えた自由な対話をすることができないだろうかと考え，筆者は2010年から「みんくるカフェ」の開催を始めました。「みんくる」というネーミングは「みんなが来る」ことができる場にしたいという思いからでした。ポリシーは，関心がある人は誰でも参加できるというオープンさと，参加した方全員が主役になるという主体性です。特に生と死を扱う医療のテーマは専門家と非専門家に垣根を作りやすいので，そうした全員参加の原則は大事だと考えています。第1回のみんくるカフェは，2010年8月19日に都内のカフェを貸し切って行い，10名前後の医療者や市民の方を集めて行われました。テーマは「在宅医療と薬剤師」，「家庭医とヘルスプロモーション」などで，その自由な対話がとても楽しく，また医療専門職のみならず法律関係の方や哲学が専門の方なども参加していたので，そうした多様な方の視点や意見が新鮮だったことを記憶しています。その後，みんくるカフェは1～2ヵ月に一度のペースで続けており，2016年5月現在で計35回開催しました。

　表9-1にみんくるカフェのテーマの例を紹介しています。たとえば「医療用語って分かりにくくないですか？（第4回）」「賢い患者になろう！（第14回）」「介護しやすい社会とは？（第17回）」「生と死について対話しよう（第20回）」「家で看取るということ（第24回）」「こころの健康を考える（第26回）」「患者のナラティブに学ぶ（第27回）」などです。主に，家庭医が扱うような，医療コミュニケーションに関すること，終末期（エンディング）や介護に関すること，在宅医療・在宅看取りなど，健康増進や予防医療に関するテーマが主体となっています。

　開催場所はできるだけリラックスできる空間を求めて，街中のカフェで開催

第9章　超高齢社会とカフェ型ヘルスコミュニケーションにおける学び

表9-1　みんくるカフェのテーマ例

実施日時	テーマ
2010.11.18	医療用語って分かりにくくないですか？
2011.10.13	ヘルスコミュニケーション
2011.11.26	賢い患者になろう！
2011.12.15	医療と社会の壁を超えるためには？
2012.2.23	びょういんではたらく人たち〜医療職業見本市〜
2012.4.28	介護しやすい社会とは？〜社会とつながり続けるために〜
2012.7.24	セカンドプレイスの健康
2012.9.21	Exercise Cafe 〜運動と健康の関係を考える・感じる〜
2012.10.14	生と死について対話しよう―死生学という視点―
2012.11.3	LGBT Cafe ―LGBT の視点を通して医療と健康について考えよう―
2013.2.24	今つづるエンディングノート
2013.4.16	医療コミュニケーションをどう学ぶ？どう教える？
2013.5.21	家で看取るということ
2013.6.25	大人の発達障がい〜"診断"ってなんだろう？
2013.7.28	こころの健康を考える〜マインドフルネスの視点から〜
2013.9.23	患者と医療者のダイアローグ〜患者のナラティブに学ぶ〜
2014.5.15	作業療法士の扱う"作業"を健康に活かすには？
2015.5.10	ゲームを通して生活習慣を見直すきっかけを作ろう！

することが多いのですが，通常の会議室で行うこともできます．カフェ型コミュニケーションは，実際にカフェでやることよりも対話形式を重視しており，少人数（4〜7人）のグループに分かれて対話を行うこと，対話セッションごとにメンバーの組み替えやテーマの転換を行うこと，対話のファシリテーションがなされること（グループごとにファシリテーターが付くこと）などが，重要なポイントです．みんくるカフェの場合，参加者は10〜20名ほどで，最初にアイスブレイク（自己紹介や簡単なゲームなどで参加者の緊張を取ること）をしてから，専門家あるいは当事者にテーマに関する短いスピーチをしてもらいます（20〜30分）．その後，対話セッション（15〜20分）を3回ほど繰り返し，最後に対話を振り返って全体共有する，という流れです．全体で2時間ほどの長さで，平日夜や休日の午後などに実施しています．対話のファシリテーター

は，ファシリテーションを学んだスタッフが行っており，グランドルール（お互いの意見を尊重すること，相手の話を聴くこと，簡潔に話すこと，など）を確認し，対話の全員参加を促し，タイムキーピングを行っています。また議論の流れを「見える化」するために模造紙を活用しており，対話で出たキーワードを各人が模造紙に書き込み，キーワード同士を線で結んだり，コメントを付けたりします（孫 2013）。ファシリテーター育成のために，定期的に「みんくるファシリテーター育成講座」というものも開催しています。対話ファシリテーションの方法，カフェ活動の立ち上げと運営の仕方，医療専門職と市民・患者が地域で対話を進める上でのポイントなどについて学べる講座です。2016年7月までに計14回開催し，200名以上が受講しました。修了生のうち20名以上が全国でみんくるカフェを立ち上げ，地域住民と医療者の対話活動を続けています（2016年7月現在，北海道，秋田，仙台，東京，神奈川，千葉，長野，愛知，兵庫，岡山，島根，広島，大分，鹿児島などに広がっています）。

9.3.2 高齢化に関するテーマのカフェの例

高齢化・老化をめぐるテーマには，介護，終末期，在宅医療，認知症など，社会的にインパクトの大きなテーマが多くあります。特に死をめぐるテーマ，たとえば終末期や緩和ケア，看取りといった話は，社会的にタブーとされていること，死生観などパーソナルな視点がからむことなどから，一見，カフェ型の対話では扱いにくいのではないかと思われるかもしれません。しかし，実際にはこのようなテーマで開催するときの参加希望者は多く，大変ニーズが高いものであることがうかがえます。普段あまり大っぴらに語れないテーマだからこそ，対話の場が求められているのかもしれません。

① 第17回みんくるカフェ「介護しやすい社会とは〜社会とつながり続けるために〜」

介護が始まると，仕事を続けられなくなったり社会とのつながりが断絶されたりします。この回のカフェでは「介護しやすい社会とは〜社会とつながり続けるために〜」というテーマで，介護離職の現状など介護に関する課題を共有

第9章　超高齢社会とカフェ型ヘルスコミュニケーションにおける学び

写真9-2　第17回みんくるカフェの風景

し参加者で対話を行いました。大学生などの若者から初老の方まで20人ほど参加していました。

　最初の話題提供者は，突然父親が倒れ，そのまま寝たきりになってしまったことから介護生活が始まり，退職を余儀なくされた元会社員の男性でした。社会とのあらゆる接点が断絶されたが，介護する「知恵」を授けてくれたのは，同じ親の介護をしている友人だったそうです。「やっぱり介護はつらい。まず金銭的につらい。そして寝られないのがつらい」と語る男性は，介護における排泄物の処理という心理的負担，そしてそうした介護の問題を誰にも相談できないという苦悩を語ってくれました。その後小グループに分かれて行った対話では「いかに介護をサボるかも大事」「男性も楽しめるような介護サービスを」「事前にどう介護されたいか本人の意思を話し合い伝えるのが大事」「地域で自分なりのコミュニティを主体的に作っておくべき」「介護を日常の中で普通のことにしていく」などの意見が出されました。事後アンケートでは，「自分から患者の話を聞きに行くような患者が気軽に相談できる医師になろうと思った」（医学生），「医療者と患者の落差の話は衝撃だった」（医療者）といった，

写真9-3　第20回みんくるカフェの模造紙

医療者として意識が大きく変わったことを示唆する内容が述べられていました。

② 第20回みんくるカフェ「生と死について対話しよう〜死生学という視点〜」

　死生学とは「人が死ぬまでにどのように生きるのか，死から生を捉えることから見えてくる命に関する問題をさまざまな視点から深く考える学問」と言えます。この回のカフェには，専門職や市民，学生など約30人もの多くの人が参加し，死生学の観点から「生と死」について対話しました。

　最初に延命治療を題材にした動画を視聴した後，「死をとりこみ，生を考えるというのは，あなたにとってどのような生き方をすることですか？」という問いを投げかけ，参加者同士で対話を行いました。対話では，「死を前向きに普段から考えていく」，「ドナーカードなどをきっかけとして死について考える機会を作る」，「墓は怖いものではなく，そこにご先祖が眠る場所というイメージを持つ」，「死を身近に感じる方が，よりよく生きていくことにつながる」「死に際して後悔しないように，自分の声を聞き，伝え，そして感謝する」といった意見が聞かれ，対話によって死に対するイメージが変わりつつあること

がうかがえました。事後アンケートからは，「自分が思っていたよりも自分の死について考えていないことに気づいた」（市民），「死よりもむしろ『生きる』とは何だろう，ということについて考えさせられた」（市民），「患者と関わるときに死をタブー視せずにいたい」（医療者），「死に向かう人々にどのように寄り添っていくかについて考えるきっかけになった」（医療者）など，死に対する意識・姿勢の変化を示唆する内容が述べられていました。

③ 第24回みんくるカフェ「家で看取るということ」

　この回のカフェでは，在宅での最期や看取りをテーマに，16人の医療者や市民が参加し，家で最期を迎えることや在宅看取りに関して自由に対話を行いました。

　約8割の人が「家で最期を迎えたい」と望んでいるのに対し，実際に在宅で看取りまで行くのは全体の2割という現状があります。最初に，在宅医療・在宅介護の実際について，自分で家族の看取りをした経験がある市民の方と，在宅医療における看取りを実際に行っている家庭医にスピーチをしてもらいました。市民の方からは，在宅介護を一人でやるのではなく親戚やご近所の力を借りてやるのが大事であること，また家庭医からは病院に比べ，在宅での看取りがより自然であり，次世代に命をつなぐ「儀式」になること，などが語られました。その後の対話では，「自分で身内の死を迎えるのが怖いと感じてしまう」，「家で死を迎えることは家族に迷惑をかけると感じてしまう」など正直な思いも語られていました。しかし，「知識があるだけではなく，気持ちを共有することが在宅看取りの備えになるのでは」「死や看取りについて地域で気軽に話や相談できる場があるといい」「死を連想する『看取り』という言葉をタブー化しないことも大事」といった建設的な意見も聞かれました。事後アンケートでは「家族の形態はさまざまだが，死について話す機会が少ないことに気づいた」「死を他人任せにしない，自ら積極的に情報を取りに行くことが大事と気づいた」などの気づきが述べられていました。

第Ⅱ部　超高齢社会における学習手法

写真9-4　第24回みんくるカフェの風景

9.3.3　地域の高齢者を対象にしたカフェの例

　東京都練馬区光が丘には1980年代初頭にできた約3万人が居住する巨大な団地があります。その団地内の高齢者を主な対象に「みんくるカフェ@光が丘」という活動を，筆者も関わる形で開催していました。テーマは「在宅医療」「高齢者と介護」「高齢者の健康と住まい」などです。

　やはり最初に当事者や専門家が話をした後に，参加者同士で対話を進めます。対話のファシリテーターはスタッフが務めました。参加者の大部分がその団地に住む高齢者で，中には足腰が悪く杖をついている方や，親子で参加されている方などもいました。対話の中では「自分の役割があれば高齢者でも生き生きと過ごせる」「地域で自分が望む役割を発揮できる場がほしい」「最期に向けてどのように過ごしたいのか，元気なうちから周りと話しておきたい」「行政がすべて把握するのは無理なので，生活している人たちがつながる場が増えてほしい」といった声が聞かれ，カフェでの対話を通じて，高齢者の方々が主体的に，かつポジティブに問題に取り組もうとしていく様子がうかがえました。

　高齢者の方が参加するカフェ型コミュニケーションの場合，対話のファシリ

174

第 9 章　超高齢社会とカフェ型ヘルスコミュニケーションにおける学び

写真 9-5　みんくるカフェ＠光が丘の風景

テーションにおいて少し注意すべきことがあります。特に医療のテーマの場合，専門家に話を聞きたい，相談したいという市民の方もいるため，対話のときに医師など専門職が混じっていると，個人的な相談のような形で話をされる方がいます。ここはファシリテーターの役割が重要で，医療相談の場ではないことを最初に確認したり，対話の途中であまりに個人的な話が続く場合は介入したりして，全体の対話をテーマに関して建設的に話し合う場になるようにします。また，高齢者の場合，目が悪い方や耳が悪い方への配慮も重要です。あまり早口でしゃべらないこと，模造紙に記録する文字は大きめに書くことなどを最初に確認するとよいでしょう。

9.4　カフェ型ヘルスコミュニケーションにおける学び

　通常の講演会や講座，すなわち一方的に専門家の話を聞くようなものと違い，対話を重視するカフェ型ヘルスコミュニケーションでは，参加者にどのような学びが起きているのでしょうか。

みんくるカフェの開催例と参加者の感想で示したように，参加した人にはテーマに関する気づきや視点の転換のようなものが見られていました。この背景として，カフェ型コミュニケーションの場には，多様な立場の人が参加し，フラットな立場で自由に対話が行われることや，それまでの前提をくつがえすような他者の意見に遭遇すること，また普段タブー化された話題（死生観や終末期など）を扱うことなどが影響しているようです。

筆者個人の経験を紹介すると，第4回みんくるカフェ「医療用語って分かりにくくないですか？」では，医師が用いる専門用語が話題になりました。そのとき，参加者の会社員の方が「咽頭炎で医者にかかったときに『ヨーレンキンですから抗生物質を処方します』と言われて，ぽかんとしてしまった」という話をしてくれました。そのとき「溶連菌」（溶血性連鎖球菌の略で，化膿性咽頭炎の原因となる細菌）という単語が，患者の頭の中では「ヨーレンキン」という不可解な言葉になっているということのみならず，そのようなとき患者は医師になかなか質問しにくい，という事実に気づかされました。

もう一つ，筆者自身が大きな気づきを得たのが「グリーフケア」をテーマにしたカフェを開催したときのことでした。グリーフケアとは，愛しい人と死別した家族（遺族）が，その悲嘆（グリーフ）を乗り越え，悲嘆から立ち直り，再び日常生活に適応していくことをケアする活動です。そのカフェには，専門職も市民も参加していましたが，一部当事者の方（ご家族を亡くされ悲嘆が続いている方）も参加されていました。そのときに当事者の方から「医療者から無感情に死のことを話されると腹が立つ」ということを伝えられました。その言葉は，私の胸にグサリと突き刺さりました。振り返ってみて，私自身は患者さんの死に際して，家族の方に対しては努めて冷静に振舞っていたように思い，そのような冷静すぎる，一見無感情に見える態度がときに相手の気持ちを傷つけてしまうということに，初めて気づかされました。

このように自分が考えてもいなかったような考えや，他者の意見に遭遇し，視点ががらりと変わるような学習を，教育学者のジャック・メジローは「変容的学習（transformative learning）」という概念で捉えています。はたして，カフェ型コミュニケーションでは，参加した人に変容的学習が起きているのでしょ

うか。筆者は2011年10月〜2013年5月に開催した計12回のみんくるカフェ参加者189人の事後アンケートの記述をもとに，参加者の学びの分析を行いました。方法は，アンケート内の「新たに気づいたことや学んだことは何ですか？」という質問に対するすべての回答（自由記述）を抽出し，文章ごとにセグメント化したものを対象として，テーマ分析を行いました。抽出されたテーマとカテゴリーを，医療者と市民・患者に分けて表9-2・表9-3に示します。その結果，医療者にも市民・患者にも共通して「変容的学習」が起きていることが示されました。また両者において「行動への動機づけ」，すなわち行動変容につながるような意識変化も起きていました。その他，市民・患者の学びとして「専門的知識の獲得」というヘルスリテラシーの向上につながるような内容も認めました。このような「変容的学習」が起きる背景として，対話における経験が「当事者のナラティブ」を聞ける場であること，「多様な価値観との遭遇」の場であることが影響していることが示唆される結果となりました（孫ほか2014）。

　メジローが提唱した「変容的学習」は，学習を通じてそれまでの前提や価値観が批判的に振り返られ，内面的な変容が起こるという学習のことです。メジローは学習を「経験を解釈したり，その経験に意味づけをおこなったりする行為」と，内面的な「意味づけ」を重視する定義をしました。少し難しい話になりますが，彼が重視したのは，解釈や意味づけをおこなう際に，人が習慣的に拠り所としている前提や価値・信念を構成している枠組み「意味パースペクティブ」です。これは簡単に言うと，世の中を見るときの「メガネ」のようなものです。人は，この「意味パースペクティブ」によって，経験の意味づけ方や，何を優先させ重要なものと考えるかなと，学習のあり方を決めています。人が「異文化」，すなわちそれまでの前提や当たり前と思っていたことに疑問を突きつけるような考えや思想に出会ったとき，価値観が揺さぶられ，「自己省察」や「混乱的ジレンマ」と呼ばれる状態を経て，「パースペクティブ変容」が起きるとされています。この一連のプロセスが「変容的学習」です（メジロー2012）。つまり「変容的学習」とは，自分が世の中を見るときに使っている「メガネ」そのものが変わることで，世の中の意味づけや解釈がすべて変容す

表9-2 医療者の学びのテーマ分析

カテゴリー	テーマ	代表的な記述
変容的学習	視座の変容	・医療者と患者さんの間の落差の話は衝撃だった ・さまざまな視点からの意見を聞け，また違った価値観を得ることができた ・立場が異なる人との対話を通して，多様な視点や価値観を得ることができた
	自己省察	・自分の分野に偏った考え方をしていたことに気づいた ・偏見やスティグマが，自分の中にもあったと気づいた ・まったく当事者の立場になって行動できていなかったことに気づいた
対話における経験	多様な価値観との遭遇	・同じ話題を共有しても，それぞれ感じることはさまざまであった ・テーマに関する認識が人によってばらつきが大きかった
	共通性の確認	・参加者の共通認識が非常に近いことに気づいた
	当事者のナラティブ	・実際に経験されている方から話を聞けたのが良かった ・当事者の方の話を聞け，問題についてさらに認識できた
	越境的対話の意義	・一般の方と対等な関係を保ちながら対話することの重要性を感じた ・対話によって，本当に地域や多職種や社会全体で考えていくべき問題であると感じた
テーマに関する学び	テーマに関する洞察	・コミュニケーションは，医療者-患者に限らず，常日頃すれ違うものだと気づいた ・良い死を考えるためには，一緒に生きている人との関係が重要だということに気づいた ・介護は本当に大変なことなのだと改めて理解した
動機づけ	行動への動機づけ	・声にならない声を，どうしたら看護者側として社会に発信し，還元できるかということを常に考え続けたいと感じた

るようなプロセスと言えるでしょう。

　メジローは変容的学習が起きるためには，他者との「対話（discourse）」が重要であると言っています。つまり学習において「他者」の視点が存在することで，変容が起きやすくなると考えられます。カフェ型コミュニケーションのような多様な立場の参加者が自由に意見を述べ，互いに傾聴する対話の場では，変容的学習が起きやすいのかもしれません。メジローはさらに，変容的学習を

第9章　超高齢社会とカフェ型ヘルスコミュニケーションにおける学び

表9-3　市民・患者の学びのテーマ分析

カテゴリー	テーマ	代表的な記述
変容的学習	視座の変容	・死ということを通して，何が大切なのか，自分が今幸せかなど，生きることについて深く考えることにつながった ・いろんな分野の方と対話することで，新たな気づきが得られた
	自己省察	・自分の現状や価値観をあらためて知った ・知らず知らずのうちに人を傷つけていないかと感じた
対話における経験	多様な価値観との遭遇	・小さなことでもいろんな角度から見ると，さまざまな意見があることに気づいた ・同じテーマでも，参加者によって意見にばらつきがあることを知った ・患者と医療従事者の考え方が違うことに気づいた
	当事者のナラティブ	・介護を実際にしていた方の話を聞いて，大変さを改めて知った ・現場の医療者の声を聞くことで，リアルに何が起きているのかを知り，とても参考になった
	越境的対話の意義	・さまざまな人と多様な意見を共有することが本当に大事だと感じた ・いろんな職業の枠を超えて視点を共有することの意義を感じた
テーマに関する学び	専門的知識の獲得	・延命処置やエンディングノートに示す現実的な側面が勉強になった
	テーマに関する洞察	・対等な良いコミュニケーションをとることの難しさを知った ・死を前向きにとらえたり，もっとオープンに話をしたりするべきだと感じた
動機づけ	行動への動機づけ	・つながり協働するなどして実効性のある何かができる，というインスピレーションを得た ・自分も患者としてやれることがあると感じた

援助しようとする教育者に求められる役割として，自己省察や対話の方法を学ぶことの支援と，「学習環境の整備」が重要であると述べました。すなわち，①一人ひとりの対話への平等な参加が保障されるよう学習の場での規範を設定すること，②発言の少ない人に働きかけ自己表現を手助けすること，③対話が論理的に進められているか，十分な情報が提示され検討されたかどうかに留意すること，④学習者が心理的な防衛機制なしに自己の問い直しを行ったり，新

たな考え方を試してみたりできるような雰囲気を作ること，などです（常葉-布施 2004）。これは，対話の場における「ファシリテーション」に非常に近い概念ということに，お気付きになるでしょう。つまり対話の場において変容的学習を起きやすくするためには，学習支援者のファシリテーションが鍵を握る，と言えると思います。

9.5 今後の展望

昨今，「認知症」が大きな社会的問題となり，カフェ型コミュニケーションのテーマとしても各地で取り上げられています。認知症をテーマとしたカフェを開催した場合，個人レベルでは，まだほとんど認知症に接したことがない人や，認知症の介護などに関わっている人にも，よりポジティブな意識変化を起こさせ，行動変容につながる可能性があります。また，地域で認知症をテーマとしたカフェを継続して開催することで，認知症のケアに携わる専門職と市民のパートナーシップが形成され，よりよいケア体制の構築につながるでしょう。

このように，多死社会を迎える日本の社会において，個人個人が「死」や「老い」「病い」と真摯に向き合っていくことが求められています。そうしたタブー的な話題を，気軽に話し合える場として，カフェ型コミュニケーションが役に立つ可能性があり，自由に対話をつむぐことができる環境が保障されれば，参加者の価値観が変わるような「変容的学習」が起き，行動変容につながる可能性が示されています。

また，マクロ的視点で見ると，カフェ型コミュニケーションは超高齢社会に直面する日本の社会においてさまざまな場面で役に立つと考えられます。なぜなら，社会的問題や課題を解決する場面で，さまざまな専門性や能力をもった人が対話を通して課題解決に向けて協力する必要があるからです。また，解決のプロセスにおいては「全員参加」の原則が重要であり，すなわち専門家も非専門家も，地域のステークホルダーも一般市民も，すべての人が参加し自由に意見を述べたり聞きあったりする，対話の場づくりが求められています。現在，地域の医療・介護においては地域包括ケアの構築が叫ばれていますが，そのプ

ロセスで,主役であるはずの地域住民の意見がないがしろにされてはなりません。行政主導に陥りがちな,健康づくりや地域の医療・介護体制の構築において,カフェ型コミュニケーションなどの手法を活用して,地域住民と専門職が自由に意見を述べ合える場を作っていくことが重要です。今後,日本のあらゆる地域において,このような対話の場が広がっていくことを期待しています。

参考文献

阿部泰之・堀籠淳之・内島みのり・森田達也(2015)「ケア・カフェ®が地域連携に与える影響——混合研究法を用いて」『Palliative Care Research』10(1): 134-40。

石川ひろの(2012)「医療面接の評価法——医療コミュニケーション研究からの示唆」第42回東京大学医学教育セミナー配付資料

苅山和生(2014)「認知症カフェの実際とその未来」『作業療法ジャーナル』48(2): 123-129。

木村尚貴(2015)「be report 広がる「医療カフェ」」『朝日新聞』2015年7月18日記事。

ジャック・メジロー/金澤睦・三輪建二監訳(2012)『おとなの学びと変容——変容的学習とは何か』鳳書房。

孫大輔(2013)「省察的実践家入門——対話の場作りをすすめるファシリテーターと省察的実践家」『日本プライマリ・ケア連合学会誌』36(2): 124-126。

孫大輔・菊地真実・中山和弘(2014)「カフェ型ヘルスコミュニケーション「みんくるカフェ」における医療系専門職と市民・患者の学び」『日本ヘルスコミュニケーション学会雑誌』5(1): 37-45。

常葉-布施美穂(2004)「第4章 変容的学習——J.メジローの理論をめぐって」『生涯学習論を学ぶ人のために』世界思想社。

中村和彦(2014)「対話型組織開発の特徴およびフューチャーサーチとAIの異同」『人間関係研究』13: 20-39。

松田健太郎(2008)「日本のサイエンスカフェをみる——サイエンスアゴラ2007でのサイエンスカフェポスター展・ワークショップから」『科学技術コミュニケーション』3: 3-15。

第10章
多世代共創社会に向けたワークショップ

森　玲奈

10.1　高齢者に向けた学習環境のデザインとワークショップ

　昨今，学校外での学習が注目されています。OECD（2011）は，公式な学習（Formal Learning），ノンフォーマル学習（Nonformal Learning），インフォーマル学習（Informal Learning）という分類を行いました（図10-1）。「公式な学習」，すなわち学校等での学習に対し，制度的でないゆるやかな形式として注目されているのが「ノンフォーマル学習」・「インフォーマル学習」です。

　生涯学習の概念が社会に浸透するにつれ，学習観自体も変化してきました。現在，学習心理学では行動主義から社会構成主義へのパラダイムシフトが起きています。旧来の「学校教育／学校外教育」という枠組みを越え，「生涯学習」として捉え直すことで，学び続ける人間とそれに対する新しい学習環境のデザインが，着々と模索され始めています。

　生涯学習時代の出現とともに，「ワークショップ」という名称の活動形態が注目され始めました。現在，演劇教育，開発教育，まちづくり，カウンセリング，ミュージアム教育など，さまざまな領域で実践が行われています。20世紀末には新奇な言葉だったワークショップが，21世紀に入り日常に定着した，という指摘もあります。

　「ワークショップ」の語源は，"workshop"，すなわち，工房，作業場を意味する言葉です。そのため，「ワークショップ」には，学習を促す手法であるとともに，その過程において「つくる」活動があるというニュアンスが含まれています。ワークショップにおいて，学習と創造とは切り離せないものとして扱

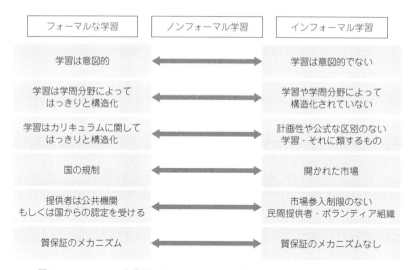

図10−1 フォーマルな学習からインフォーマル学習への連続体（OECD 2011）

われてきたのです。

　新しいものを創ること，その過程には試行錯誤があり，それこそがワークショップにおける学習の本質です。ワークショップは，生涯学習社会における新しい学習方法の一つとして捉えることができるのです。

10.1.2　海外の実践事例

　では，ワークショップは高齢化する社会においてどのように活用可能なのでしょうか。ここではまず，海外で実践されている高齢者向けのワークショップを，筆者が視察した事例から3例，紹介します。

① マンチェスター・カメラータ（イギリス）

　「マンチェスター・カメラータ」は，1972年に創立されたイギリス有数の室内管弦楽団です。トップクラスの演奏家による公演に加え，音楽によって人間性，社会性を育む先駆的な参加型学習プログラムで知られています。「あらゆる人々をどんな時にもつなげていくような感動経験を音楽によって創出し，コミュニティにおける社会的変革を促進する」というのが，マンチェスター・カ

第Ⅱ部　超高齢社会における学習手法

図10-2　マンチェスター・カメラータのワークショップ風景
(撮影：筆者)

メラータの活動ビジョンです。

「健康とウェルビーイング」に関するワークショップとして、「Music in Mind」「This Way Up」「Portraits」というプログラムがあります。筆者は2015年8月にマンチェスターを訪れ、ワークショップを見学し、マンチェスター・カメラータのカメラータ・イン・ザ・コミュニティ部門長ニック・ポンシロさんにお話をうかがいました。

(1)「Music in Mind」

このプログラムはケアホームの住人である認知症の人と介護人が、オーケストラのメンバーとともに行う連続ワークショップです。このワークショップでは人生を振り返るのではなく、その瞬間に創造的であることを目指し、参加者が今、どのような音楽を奏でたいかを大事にしながら音楽づくりを協同で行っていきます。こうした活動を通して、住人が見違えるような活発さを見せ、住人と介護人の関係が改善され、交流が増えたとニックさんは言います。ニックさんによれば、言葉を操ること、会話をすることに困難がある人でも、歌うことならできる場合があるそうです。つまり「言葉のいらない言語」として、音

楽は認知症の人々にとって表現の手段となっているのです。

(2)「This Way Up」

　このプログラムは，マンチェスター東部の都市であるテームサイドで医療サービス機関とともに行われた，オペラをつくるプロジェクトです。地域の孤独な人に対し，孤独が健康問題と結びついていることに着眼し，住民と音楽家が協同しオペラ創作に挑みました。参加者の中には認知症の人や，希死念慮を抱く人，うつ病の人も含まれていました。開始時点では知り合いもいなく不安そうにしていた参加者たちも，演劇や歌に従事していく中で打ち解けていったそうです。プロジェクトの最終的な公演は，一流のコンサートホールにて，満員の観客の前で行われました。参加した中の1人の女性は，このプロジェクトを通してうつ病を克服し，地域活動にもより多く参加するようになったそうです。

(3)「Portraits」

　このプログラムは，マンチェスター・カメラータがマンチェスター大学とともに行ったメディア混合型のプログラムです。認知症を抱える人が，家族や介護人と一緒になって，音楽や視覚芸術によって作品をつくりあげます。言葉でのコミュニケーションに困難を感じる人でも，ハミングや絵画なら自分の思うように表現ができることがあります。連続ワークショップを通じ，音楽家の支援を受けながら，参加者は，「患者」ではなく「アーティスト」として自身の作品をつくりあげることに成功したそうです。

　マンチェスター・カメラータのワークショップは，音楽のプロフェッショナルがアマチュアに関わること，連続で行われること，という2つの特徴があります。学習環境デザインという視座に立てば，前者は学習の真正性，後者はコミュニティ形成につながっていると考えられます。この2つの特徴は，日本において高齢者を対象とした実践をする際にも大きな示唆となるでしょう。

② Give&Takeプロジェクト（デンマーク・オーストリア・ポルトガル）

　「Give&Takeプロジェクト」は，就労の継続を希望する高齢者の支援を目的

とした,ICT活用型ソリューション開発です。ワークショップも随時行われています。このプロジェクトはEUプロジェクトに採択されており,デンマーク・オーストリア・ポルトガル3カ国共同研究として2014年から3年間の予定で進められてきました。筆者は2015年11月,プロジェクトを中心的に進めているコペンハーゲンIT大学准教授のロネ・マリンボーさんからお話をうかがいました。

　このプロジェクトは,3カ国合わせ6パートナー,25名で運営され,それぞれには多様な背景があります。加えて,エンドユーザーとして50人以上の高齢者も参加しています。「高齢者1人1人の経験を合わせると,もし皆が70歳以上と仮定すれば3500年分になる」とロネさんは言います。彼・彼女らの経験こそが,このプロジェクトの中で重要な意味をもちます。

　このプロジェクトでは,共創（co-design）とユーザー参画のためのイノベーティブな方法のプラットフォームである「デザイン実験室（design laboratory）」,「リビングラボ」といったオープン・コミュニティ・アプローチを導入しています。

　このプロジェクトの背景にあるのは,"give&take",すなわち互酬性という考え方です。参加者が共に関わりあい,支えあい,助けあうことで問題を解決していく,それをICTが支援するというプラットフォームになっています。

　このプロジェクトでは,研究者が一次エンドユーザーである高齢者と密接に連携しています。ここで鍵となるのが,「リビングラボ」という考え方です。リビングラボとは,一般的に,サービス開発プロセスにエンドユーザーを共創的に巻き込んで継続的に進行するプロセスのことを指します。サービス開発の初期段階から,ユーザーをコミットさせ,サービスアイデアの創出,タッチポイントのデザイン,プロトタイピングといった一連の流れを継続的に共創的に行っていくということに特徴があります。このプロジェクトにおけるリビングラボは,デザインでありつつ,プロジェクトのコンセプトとプラットフォームを理解し評価するための体験プラットフォームでもあります。このプロセスの核となるのは,すべてのステイクホルダーが参加する,連続的な相互学習に焦点を当てた共創イベントです。この共創イベントの中にワークショップが含ま

第10章 多世代共創社会に向けたワークショップ

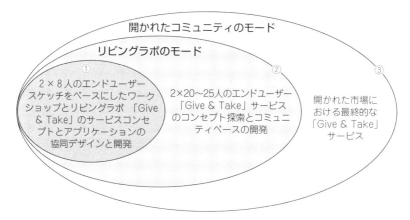

図10-3 「Give & Take プロジェクト」における開発プロセス

れています。

　このプロジェクトでは，デザイン・ラボラトリー思考，ダイアローグ・ミーティング，ワークショップ，市民向けイベント，観察やインタビューといったエスノグラフィーの技術に基づいた混合手法が用いられています。このプロジェクトの中で度々行われるワークショップというのは，日本でよく実施されているような単発の参加体験型イベントではなく，利用者を巻き込みながら開発していくための要であり，場として位置づけられています。

　プロジェクトにおける開発プロセスは3つのフェーズに分かれています（図10-3）。

　第1フェーズでは，サービス交換の現在的な経験，必要性，価値，効果的なサービス交換のための批評が行われます。初期探索は少数の高齢者市民グループ（エンドユーザー）とともに活動します。

　第2フェーズでは，デンマークとオーストリアの地域コミュニティの関心に基づいたリビングラボをエンドユーザーとともに実践をします。これらのリビングラボを通じて，新しい「シェアリング」（互助のあり方）の実践を予行演習し，プロジェクトのプラットフォームを実践に適応します。

　第3フェーズは最終段階です。ここではオーストリアとデンマークのコミュニティの幅広い選択における日々の探索のための改訂されたプロトタイプを展

開します。また，近隣住民や高齢者組織，ケア組織，公的ケアユニットに代表される二次エンドユーザーとも活動します。さらに最終的には，持続可能なビジネスモデルとして「Give&Take」というソリューションを提起すべく，高齢者ケア組織や，公的セクターのサービス主催者といった三次エンドユーザーとも活動できるよう展開していくそうです。

　インタビューをさせていただいた時点は開始から1年半経ったところでしたが，エンドユーザー参画の限界をどこまで広げていけるかが課題となっているとのことでした。これは社会実装に向けて研究を進めていく上で大事な視点だと考えられます。ロネさんが，研究に全てのユーザーおよび関係者を巻き込み共創していくということが重要，と話されていたのが大変印象的でした。このような「共創のデザイン」を核とした進め方は，他の目的やテーマでも汎用的な部分を多く含んでいるように思います。

③ アクロポリス（オランダ）

　最後に，オランダにあるコレクティブハウスの事例を取り上げます。コレクティブハウスについては第2章でも取り上げられていますが，スウェーデン，デンマーク，オランダなどで見られる，他人同士が共同生活を行う集住のスタイルおよびその住居のことを指します。筆者は2013年10月にユマニタス財団が運営するアクロポリスを訪問し，ディレクターのウィレマイン・ファン・ウーンセルさんにお話を伺いました。

　アクロポリスはオランダ第2の都市，ロッテルダムにある大型のコレクティブハウスです。6階建ての高齢者住宅とナーシングホームに260人の入居者が生活しています。アクロポリスは公営住宅であるため若い世代も入居できますが，その大半は高齢者です。高齢者の中には健常者・要介護者が混在しています。

　アクロポリスには，1階に共有スペースがあり，2階以上には40歳以上が居住できる居室があります。部屋の平均的な広さは75m^2，家賃は653.52ユーロ（約7万円，食事代別）です。

　玄関受付カウンターは入居者のみならず，近隣住民3,000人の在宅高齢者の

第10章　多世代共創社会に向けたワークショップ

図10-4　アクロポリスのアトリウム　　　（撮影：筆者）

コールセンターとして機能しています。介護サービス拠点となっているため，医療施設，重度患者の介護施設，認知症高齢者や心身障害を有する要介護者の自立支援ホームが併設されています。さらに，住居だけではなく，アトリウム，食堂，パソコンスペース，売店，アトリエ（フランス語で「作業場」の意味），遊戯室，美容室，博物館など，さまざまな共有設備があり，まるで1つの街のように構成されています。このアトリエでは，特に予約することなく，常駐のスタッフと共に手芸・工芸・油彩画等を楽しむことができます。

また，地下1階には，入居者がかつて別の場所で暮らしていた頃に使っていたであろうデザインの家具や生活用品を収集した博物館があります。この博物館は古い記憶の思い起こしを促し，入居者の認知症予防に役立っているそうです。その他，併設されている小動物園や美容室，スーパーなどは，アクロポリスの入居者ではない地域住民も利用しており，多世代交流の場として機能しています。建物内ではミュージカルやオペレッタなどのイベントがボランティアを中心として開かれ，多世代共創が繰り広げられています。

このような活動はどのような運営ポリシーに支えられているのでしょうか。

第Ⅱ部　超高齢社会における学習手法

図10-5　アクロポリスのアトリエ　　（撮影：筆者）

アクロポリスは4つの原則を掲げながら独自の文化形成をしています。
- 「自己決定の尊重（入居者が自ら決定する）」
- 「Use it or Lose it（使わない能力は失われていく）」
- 「Yes 文化の構築（No ではなく Yes と言おう）」
- 「家族アプローチ（アクロポリス全体が住宅であり家族であるという考え方）」

　アクロポリスでは，入居者それぞれの意思が尊重され，自分で責任をもって行動できるための仕組みづくりがなされています。
　筆者にとって最も興味深かったのは，さまざまな場所で老若男女がコミュニケーションを活発にとっていることでした。アトリエやビリヤード台のある娯楽エリアも，明確な仕切りはなくガラス張りでした。個々の住居エリアの外側に，人々の相互作用を生み出す仕掛けがされています。
　オランダは北欧諸国同様，高税率国家であるだけでなく，人がつながりを作りながら生活をしていくという文化を形成しています。これは，オランダが海

抜の低い地域であり，常に水害から協働してまちを守る必要性があったからだという説があるそうです。オランダでのすまい方は，必ずしも日本で同じことが実現できるとは思えません。しかしながら，アクロポリスの運営を支える思想や，地域に開かれた施設づくりとそのためのさまざまな活動は，多世代共創が課題となっている日本において，参考になる部分が多くあると考えられます。

ワークショップという活動が，本来の「作業場」としての物理的空間をもつこと，そして他の機能をもつ空間と連携することで，より一層，豊かな学習環境となりうることを，アクロポリスの事例は示唆しています。

10.2 多世代で共に創るワークショップのデザイン

10.2.1 百草団地でのワークショップ

海外の事例を見ていく中で，超高齢社会において実践するワークショップについていくつかの示唆が得られました。それは，第一に，連続した実践を行うこと，第二に活動の拠点となる場，すなわち，物理的空間をもつこと，第三に多世代が関わる仕組みを創ること，です。

筆者らは，これを実現させるため，東京都の西部にある百草団地をフィールドとしたアクションリサーチを行っています[1]。百草団地は1970年に完成した団地です。最寄りの駅は京王電鉄・多摩都市モノレールの高幡不動駅から徒歩25分を要する高台の上に位置します。百草団地を含む日野市百草の高齢化率は27.8％（国勢調査, 2010年）で，同市平均の20.7％と比較しても高くなっています。高齢化が進むものの，UR都市機構が子連れ世帯に賃料割引する支援をしており，若年世帯の移住が積極的に促されています。

しかしながら，百草団地には，多世代型共創社会の基盤となる世代間交流が乏しいという問題があります。その原因として，世代により生活圏に差があることや，積極的に世代間で交流するメリットは乏しいことが考えられます。加えて，百草団地が日野市・多摩市の両市にまたがり，行政区分が分断されている地域であるため，行政による施策で問題解消しにくいという課題もあります。

そこで，筆者らは高齢化が進む都市近郊において多世代を巻き込む仕掛けを

図10-6　百草団地の周辺

検討し，実践しています。そして，世代を超えて共に学びながら年をとっていく，学びにあふれた地域づくりを目指しています。単なる出会いの場づくりでなく，世代を越え相互にメリットのある学習の枠組みを作っていくことで，交流の無かった世代に接点ができれば，互いの対話を促すことが可能になるからです。

「ラーニングフルエイジング」とは，言い換えれば，「揺りかごから墓場まで学び続ける」というコンセプトです。死ぬまで学ぶという思想は，常に現状を内省し挑み変革する生き方でもあります。このような思想をもつ主体的な市民が増えていくことが，持続可能な地域づくりにとって重要な力になると考えています。

世代間交流が乏しい新興住宅地域では，持続可能な地域づくりに向け，まず，互いを深く知ろうとする心構え（マインド・セット）を醸成する必要がありま

第10章　多世代共創社会に向けたワークショップ

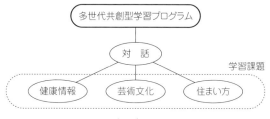

図10-7　プロジェクトの進め方

す。次に，共通の関心や異なった視点について，体験の共有と深い対話を通じて整理すべきです。その上で，市民自らがその地域らしさを発見し，新しい活動を共創していく力をもつことこそ，地域の持続可能性向上につながると考えられます。

この研究では，まず，2015年1月から2016年3月にかけて，都市郊外と近隣教育機関をつなぐ生涯学習の仕組み創りのための可能性の検討，および，基盤形成を行いました。図10-6からもわかる通り，百草団地周辺には幼小〜大学まで，さまざまな教育機関があり，その通学生が地域に出入りしています。

そこで，持続可能な地域づくりのために，地域住民の多世代交流を促す仕掛けとして住民および通学生とともにワークショップを複数回，実践しました。実践は，(1)対話による学習ニーズ発見のフェーズ，(2)学習課題(「健康情報」「芸術文化」「すまい方」の3テーマ)別のワークショップ企画のフェーズ，の2段階構成での実践・評価を行いました。2段階構成をとることで，今後も百草団地で継続的に展開できる汎用性のある学習プログラムの型を見極めるとともに，その実践者を育成する方針を立てやすくし，今後の地域デザインにつなげていくねらいがありました。

実践の拠点としたのは，百草団地の中央，百草センター内にある百草団地ふれあいサロン(2008年開設)です。このサロンは日野市高齢者見守り支援ネットワークの一貫として活動されており，すでに一定の成功を収めています。しかし，多世代交流イベントの実施は少ない状態でした。サロン運営スタッフの数名が近隣の教育施設との連携を切望していたこともあり，今回，徒歩10分に位置する帝京大学八王子キャンパスとの協働が実現しました。

表10-1　みんなで哲学の実施記録

回数	実施日	対話の内容
第1回	2015年2月26日	「人生の目標は何か」について対話
第2回	2015年3月26日	絵本『したきりすずめ』を読んで
第3回	2015年4月22日	「うま（波長）が合うってどういうこと？」について対話
第4回	2015年5月8日	「年配者の自慢話」について対話
第5回	2015年6月19日	谷川俊太郎『かないくん』を読んで，「死」について対話
第6回	2015年7月3日	「商店街」について対話
第7回	2105年8月5日	絵葉書を1枚選んで，それに結びつけて思い出を語る
第8回	2015年10月21日	「結婚」についての対話
第9回	2015年11月18日	「娯楽」について対話

10.2.2　対話による学習ニーズ発見のフェーズ

　まず，第一のフェーズとして，「対話による学習ニーズ発見のフェーズ」を2015年2月から実行しました。このフェーズでは，第4章でも取り上げた哲学対話を，「みんなで哲学」と題して行いました。進行役として，東京大学大学院総合文化研究科准教授梶谷真司さん，NPOアーダコーダの井尻貴子さん，東京大学大学院情報学環博士課程の宮田舞さんに共同研究者としてご協力いただきました。参加者は常時9名～18名の間，高齢者とそれ以外の世代の比率は2：1～3：1程度でした。

　「みんなで哲学」における成果は4つあります。第一に，安心できる対話コミュニティの形成です。今回，多世代での対話に最初不安を感じる大学生もありました。しかしながら，哲学対話は何を話しても，また何も話さなくてもよいというルールをもっているので，結果として安心して話せる場となっていました。また，お互いが異なっていることを認め合うことができたようです。

　第二に，参加者の自発性向上です。このワークショップでは，その日に各自で問いを出してもらい進めることが一般的です。その中で事前に自分で問いを考えてから参加をする方や，対話後にさらに考え続けたというエピソードを話してくださる方が徐々に増えてきました。次のワークショップを心待ちにするようになった方，今後，同様の活動を自身で企画して実践してみたいという

第10章　多世代共創社会に向けたワークショップ

図10-8　「みんなで哲学」の様子　　　　　（撮影：金田幸三）

感想もありました。また，実践を始めた頃は対話のワークショップに参加しなかった男性の中で，回を重ねる中で徐々に関心をもつ方が現れました。

　第三に，多世代交流の意義に対する再確認です。「みんなで哲学」には，ほとんどの回に大学生が少なくとも1人，ときには10人前後参加していました。サロンに集う高齢者の方たちは，対話の中で「若い人」の意見を聞きたがっていました。一方で，学生たちも，高齢者の話を興味深く耳を傾けていました。お互いがお互いの立場を尊重し，双方にとって意義深い場になっていたと考えられます。また，対話の場で世代が異なる人たちと話をすることで，日常生活でも世代の違う人のことがわかるようになったという声もありました。

　第四に，互いを尊重する文化の醸成です。哲学対話ではコミュニティボールという対話のためのツールを使っているため，誰がどれだけしゃべっているか視覚化され，一部の人に発言が集中しなくなる効果があります。サロンでの対話でも，「また発言してすみません」「長くなってすみません」などの発話があり，譲りあいながら互いを尊重する話し合いに自然になっていったことがわかりました。

このように,「対話による学習ニーズ発見のフェーズ」では,多世代でどのような対話が可能なのか,学習ニーズを探索するという当初の目的の達成に加え,参加者に対話の文化を浸透させるという,ワークショップ特有の副次的学習を生むことができました.

10.2.3　学習課題別のワークショップ企画のフェーズ

第二フェーズ「学習課題別のワークショップ企画のフェーズ」では,先行研究の整理並びに対話実践を通じその発話データから導出された学習課題から,「健康情報」「芸術文化」「すまい方」という3つのカテゴリを設定し,それぞれのグループが2015年10月から活動を本格化しました.

健康情報グループでは,第9章で紹介されている医療従事者と市民を結ぶ「みんくるカフェ」をモデルとしながら,孫大輔さん(東京大学大学院医学系研究科講師)を中心として「百草すこやかカフェ」と題し,3回実践しました.患医協働を目指しペイシェントサロンを企画運営する患医ねっと(株)代表取締役の鈴木信行さん,薬剤師の鈴木邦子さん,認知症の改善および予防に関し「ふれあい共想法」を考案し柏で活発な実践を続ける千葉大学工学系研究科准教授大武美保子さんにも,各回の話題提供者および進行役としてご協力いただきました.

芸術文化グループでは,宮城県仙南市のえずこホール等で多世代向け演劇ワークショップを実践されてきたNPO演劇百貨店代表の柏木陽さんが,「はじめての演劇」というワークショップをシリーズで3回実践しました.また,インクルーシブデザインの観点からワークショップを行うNPOコラブル代表の山田小百合さんには「お話をつくるお茶の会」を,写真家の栗原論さんとBOX & NEEDLE代表の大西景子さんには「セルフポートレートワークショップ」を企画運営していただきました.

すまい方グループに関しては,NPOみらい創造舎が中心となり,(株)地理人研究所からの助言を受けながら,「まちあるきワークショップ」「ワークショップ:都心から離れて,みらいの住まい方を考える」を計3回実践しました.

ワークショップの中には,身体を使うものや言葉を使うもの,さまざまな形式

があります。多世代で実践していく上で，どのような形式が実践しやすいのか，また，どのような活動がお互いに楽しいのか，考えながらともに創っていくことが大切です。一過性の参加ではなく継続性を持たせるためには，情動を揺さぶり，フロー状態を生み出す活動のデザインが不可欠です。

　ワークショップを継続して実践する中で，いくつかの偶発的出来事がありました。たとえば，「みんなで演劇」に参加した大学生の中に津軽三味線を持ってきていた者があり，終了後に即興演奏するということがありました。そして三味線の音につられ，外のショッピングセンターで買い物している親子がサロンに入ってきました。この背景には演劇活動で温まった空気感，その場で形成されたラポール，そしてワークショップにおける参加の重層性があると考えられます。

　継続的なワークショップ実践では，このような「予期されていなかった学習」（森 2013）を総括的に評価し，必然になっていくようデザインに組み込んでいくサイクルが重要です。ワークショップ実践における一つの醍醐味は，ある一つの活動が多義的に機能し，何か別の時間や別の活動が生まれていくという，イノベーティブな側面をもっているということなのです。

　実践が進むにつれ，百草団地ふれあいサロンに集う高齢者の方々から「今度はこのような題材がよいのではないか」とか「このような流れがよいのではないか」といった発言が出てきました。このような発言は，自分たちが一参加者というポジションから脱却し，活動全体を俯瞰して，主体的に活動をデザインする側へと変わり始めた兆しだと考えられます。

　一方，帝京大学の学生にとっても，2つのプロジェクトへの参加は，近隣でありながらあまり関心を向けなかった百草団地とその住民に対して興味をもつきっかけとなりました。中には，自ら新しい企画を立ちあげ，百草団地ふれあいサロンで実践する大学生もいました。このように，それぞれの参加者に異なった参加動機と異なった学習過程があること，これこそが，ワークショップにおける典型的な学習のあり方であると考えられます。

10.3　超高齢社会におけるワークショップの可能性

　多世代でワークショップを行うことを通じ，百草団地ふれあいサロンを中心とした賑わいを多世代で共に創り出すことができたという点で，筆者らは一定の成果を収めたと言えます。

　これからは，サロン以外の場所で行う活動から団地やサロンへの人の流れができてくるとよいと考えています。その際，多くの大学生や若年層が百草団地の中で集まることのできる場所があれば，参加が一過性ではなくなってくるからです。継続的参加を促すために演劇作品上演やアートスペースの運営などを行えると「百草団地」という場所に対するイメージが変わるのではないでしょうか。何らかの作品を作る，場所の運営をするといったことを通じ大学生など今までこの団地に関わりをもってこなかった人たちの役割を生み出すことができるかもしれません。これまでに筆者らが行ってきた大学主催のアウトリーチ調査の結果や，アーティスト・イン・レジデンスの事例も参考にしながら，今後，どのような居場所づくりを実現できるか検討していく予定です。

　筆者は，将来的に百草団地住民と帝京大学大学生それぞれの中から，生涯学習プログラムを企画運営できる人材，すなわち「学習環境デザイナー」を育成したいと考えています。地域および大学に育った学習環境デザイナーを核として，生涯学習プログラムを共創し，地域住民と大学とをつなぎ相互理解を深めていければと考えています。長期的には，近隣の幼稚園・保育園・小学校・中学校・養護学校にもその環を拡げていければと思います。学習というアプローチの可能性は，主体的に学べる人が増えることで地域が活性し持続可能な地域社会が実現することです。今後，市民が自身の学習課題を自ら選択し，自ら企画していくことが望まれます。

　これまでは学習プログラムとして対面型のワークショップのみを扱ってきましたが，持続可能性を考えた場合，非対面のオンライン学習プログラム（第6章参照）も混合することで，ワークショップ実践についての学習効果も，より一層高まるでしょう。このような取り組みから，何らかのデザインモデルを構

想し，他地域でも活用できる知見を目指したいと考えています。

注
1）この研究は，JST-RISTEX「持続可能な多世代共創社会のデザイン」研究開発領域 平成27年度採択プロジェクト企画調査「多世代で共に創る学習プログラム開発の検討」（研究代表者：森玲奈　帝京大学高等教育開発センター　講師）の一環として実施しました。

参考文献
森玲奈（2013）「ワークショップの評価」山内祐平・森玲奈・安斎勇樹『ワークショップデザイン論——創ることで学ぶ』慶應義塾大学出版会。
森玲奈（2015）『ワークショップデザインにおける熟達と実践者の育成』ひつじ書房。
OECD（2011）『学習成果の認証と評価——働くための知識・スキル・能力の可視化』明石書店。

〈ラーニングフルエイジング〉ブックガイド

園部友里恵

① 堀薫夫編著（2012）『教育老年学と高齢者学習』学文社

　本書では，高齢者の生活や人生に織り込まれたものとして「学習」を捉え，老いから生じる厳しい高齢者の生活を学習や活動の視点を軸に捉え返すことでポジティヴな変化を喚起する「ポジティヴ・エイジング」という考え方が提示されています。本書前半では，このような高齢者を捉えていく新たな視点が，編著者に加え，高齢者をめぐる研究を行う社会学者らによって論じられている他，後半では，高齢者大学，図書館，大学開放等，今日において多様に展開される高齢者の学習の場について，国内外の実践が検討されています。

　本書は，高齢者に関する研究において，医療や福祉のみならず，教育・学習という視点から検討していく重要性に気づかせてくれる１冊です。

② 牧野篤（2009）『シニア世代の学びと社会――大学がしかける知の循環』勁草書房

　本書では，シニア世代の学びについて，大学の役割という視点から考察されています。著者の研究室と社会的なアクターとが共同で行ってきたシニア世代を対象とした実践の紹介を通して，シニア世代の人々の価値観や生き生きと活動する姿が捉えられています。そして，こうした活動が新たな社会をつくりだすきっかけを生み出すと著者は主張しています。

　本書の特徴は，「シニア世代」と呼ばれる人々の存在や彼ら・彼女らの「学び」が，個人の変容に帰結するものとしてではなく，「社会」との関連で捉えられている点です。近年，大学ではさまざまな市民向けの公開講座やシンポジウム等が開催されています。本書では，個人の知的欲求を満たすことに加え，そこにいかに「つながり」を生み出していくかということのヒントが多く示されています。

③ 小尾敏夫・岩﨑尚子（2011）『シルバーICT革命が超高齢社会を救う』毎日新聞社

　本書は，ICT機器を使える者と使えない者の格差「デジタル・デバイド」の問題を背景に，超高齢社会日本の新しい未来を形づくる第一歩として，高齢者と若者が共存できる新しいICT社会をつくることについて論じたものです。国内外のICT利活用の事例や，今後巨大なマーケットとなることが予想される高齢者ビジネスについて，企業や自治体の取り組みの調査結果が報告されています。そして，それらを踏まえ，「超高齢社会を乗り切るためにICTが果たすべき役割」として，36の提言がなされています。

　本書でも指摘されるように，「高齢者」といってもその年代や性別等によってICT機器に触れてきた経験も大きく異なります。利活用する人々の状況，技術革新の状況の双方がバランスをとり，より良いICT社会をつくるためのヒントが本書にはあふれています。

④ 片桐恵子（2012）『退職シニアと社会参加』東京大学出版会

　本書は，退職後の生き方のひとつとしての社会参加活動に着目し，その有用性を科学的な調査データに基づいて明らかにしたものです。高齢者の社会参加は，高齢社会において大切なものとされる一方で，明確な定義も，包括的なモデルもないまま研究が進められてきました。著者は，こうしたことを問題背景として質的・量的調査に取り組み，「社会参加位相モデル」を提案しています。

　退職後の人生をいかに過ごしていくかは現代日本を生きる人々の大きな課題となっています。これまで断片的に研究されてきていた社会参加活動を包括的に整理し，有用性を実証している本書は，多様な社会参加活動を捉える1つの軸を提示してくれるのみならず，社会参加したいにもかかわらずできない人々に対する支援を行う際にも参考になる知見が多くあります。

⑤ 前田信彦（2006）『アクティブ・エイジングの社会学──高齢者・仕事・ネットワーク』ミネルヴァ書房

　本書の目的は，日本における高齢期の働き方や就業意識，社会的ネットワークの実態を分析し，社会学的視点から高齢期の職業生活の諸相を明らかにすることです。高齢者といってもその健康状態やライフスタイルは多様であること，高齢者の形成するパーソナル・コミュニティがQOLと密接なつながりをもつこと等が明らかにされ，自らも社

会の担い手・支え手となるという視点で高齢者を捉える「アクティブ・エイジング」という概念が，政策的視点においても重要になると論じられています。

　健康寿命が伸び続ける日本においては，退職後にも長い人生が待ち受けており，高齢期の職業キャリアを考えるという新たな課題が生まれています。本書は，多様性を担保しながらより良い形で社会と関わることのできる高齢期の生き方を支える仕組みをつくる上での示唆に富んでいます。

⑥　天田城介（2010）『〈老い衰えゆくこと〉の社会学〔増補改訂版〕』多賀出版
　本書は，老い衰えゆく当事者と，彼／彼女らに対し日常的に介護（ケア）を提供する成員たちの関係性の変容を，〈老い衰えゆくこと〉の「意味」の問題に焦点を置きつつ明らかにしたものです。本書の特徴は，〈老い衰えゆくこと〉を「単に老い衰えゆく当事者の身体に帰属・完結する個別的な現象として理解するのではなく，成員間の関係性を変容させる出来事として照射」するものとして捉えていることです。個に完結しない，すなわち「再帰的ならざる人々」との〈間身体性〉における〈老い衰えゆくこと〉の「意味」を，「施設介護」「在宅家族介護」「高齢夫婦介護」という３つの〈場〉から抽出することを試みています。

　「個」を中心に構築されている従来の自己論やアイデンティティ論を超え，「関係性」という視点から人々の老いるいとなみを捉えようとする本書は，「自立」や「主体」，「ケア」の意味を改めて考える視点を与えてくれます。

⑦　大和礼子（2008）『生涯ケアラーの誕生』学文社
　「高齢者の介護は，家庭において家族がするのが当たり前」という意識は時代とともに変容し，「専門家による介護を利用したい」と考える人（特に女性）が徐々に増えていきました。著者は，この現象に対する「通常の解釈」では女性を「介護する立場」としてしか見なしてこなかった点を指摘した上で，実は「介護される立場」としての女性の意識こそがこの現象の裏にあることを示しています。そして，介護される立場として「専門家による介護を利用したい」と考えるのは，女性たちが，高齢期になってケアされることが必要になっても，家族に対してはあくまでケアする存在でいたいという意識，つまり「生涯ケアラー」としてのアイデンティティを持っているためだと分析しています。

　本書は，性別や家族という視点から介護やケア，社会のあり方を見直す上で重要な示唆を与えてくれます。

⑧ 荒井浩道（2014）『ナラティヴ・ソーシャルワーク——"〈支援〉しない支援"の方法』新泉社

　本書は，自らも社会福祉士として実践に携わりながら研究を行っている著者が，ソーシャルワーク領域におけるナラティヴ・アプローチの可能性を論じたものです。ある人の「物語」「語り」「声」，さらには「声なき声」にも耳を傾け，その人の経験を深く理解していこうとするのがナラティヴ・アプローチです。当事者の困難に対し直接的に介入するのがソーシャルワーカーの専門性とされてきたのに対し，「無知の姿勢（not-knowing）」と呼ばれる態度で間接的に介入するのがこのアプローチの特徴です。

　このように，本書は，専門職による「支援」における権力の介在に着目し，高齢者の生活とも深く関わるソーシャルワーカーの「専門性」を問い直しています。本書から得られる視点は，高齢者という存在自体の捉え方についても新たな視座を提供してくれます。

⑨ 大武美保子（2012）『介護に役立つ共想法——認知症の予防と回復のための新しいコミュニケーション』中央法規出版

　共想法とは，「身の回りにあって気をつけていないと見逃してしまうような，さりげなく面白いものごとに気づき，写真に撮り，その写真を持ち寄って語り合う，ほのぼのとした日常会話を支援し，コミュニケーションを促す手法」です。2006年，認知症の祖母をもつ著者によって考案されました。認知症予防に有効とされる認知活動（体験記憶，注意分割，計画）の支援を通じ，認知症予防回復につなげることが目指されています。

　本書は，主な読者層として介護職を想定していることもあり，全国各地での実践において実際に用いられた写真やそのときの話題についても多数掲載されている他，共想法を行う上でのポイントについてもわかりやすく解説されています。もちろん介護職のみならず，コミュニケーションについて考えたい人にとっても日常で活かせる要素が多く含まれています。

⑩ 宮崎和加子（2011）『認知症の人の歴史を学びませんか』（田邊順一 写真・文）中央法規出版

　本書は，訪問看護の看護師である著者が，日本で社会的な問題・課題として認知症が認識され始めた1970年代から現在までの歴史を記述したものです。著者は，その歴史を，「「認知症」という状態を，「何もわからなくなってしまった状態」「人格が変わってしま

った人」と捉えるのではなく,「普通の人と同じ人権をもった人」「特殊ではなく,認知症でないときと同じように個性豊かに生きられる人」と捉え,それを可能にするための取組みの歴史」であると表しています。また,本書末尾に掲載されている「写真が物語る認知症の人の歴史」の写真からも,その歴史を読みとることができます。

認知症の人の生きる姿をより主体的で豊かなものにするために,当事者,家族,施設等の職員,行政等,さまざまな立場の人々の変革の努力が力強く伝わってくる1冊です。

⑪ 三好春樹・上野文規(2004)『新しい痴呆ケア——アセスメントと遊びリテーション学』雲母書房

遊びリテーションとは,「遊び」と「リハビリテーション」を組み合わせた造語で,遊びやゲーム等を取り入れたリハビリテーションのことです。本書では,「個性」は集団の中でこそあらわれるものであり,「遊び」という非日常のなかでこそ普段見えないその人の側面が見えてくると述べられています。「痴呆老人」の場合には,遊びリテーションの中で意外な面を発見することにつながる場合もあり,そうした「人柄」が再発見できる点に遊びリテーションの意義が見出されています。

こうした考えをもとに「痴呆」という現象を捉えようとする本書は,ケアのあり方や環境のつくり方について再考するきっかけを与えてくれます。さらに,本書で紹介されている遊びリテーションの手法は,介護現場のみならず,地域における高齢者の活動の場にも活用できると言えます。

⑫ 黒川由紀子(2005)『回想法——高齢者の心理療法』誠信書房

回想法とは,1963年にアメリカの精神科医であるロバート・バトラーが開発した高齢者を対象とした心理療法で,「カウンセラーが良き聞きとなり,高齢者が自らの人生を紡ぎ直し,その意味や価値を模索してゆくことを援助する方法」です。本書では,回想法研究の歴史が整理されている他,回想法の心理学的な効果の検証,痴呆性疾患を抱える高齢者への回想法の適用事例等が検討されています。

現在,回想法や,回想法に類似した手法は,心理カウンセリングの現場のみならず,介護現場や地域での活動等,さまざまな場で実施されており,その目的も多様化しながら広がっています。そうした現状の中で,「心理療法としての回想法」という視点から検証を試みている本書は,回想法の原点に立ちかえり,その特徴や有効性について再考するために有効なものと言えます。

⑬ やまだようこ編(2008)『人生と病いの語り』(質的心理学講座2)東京大学出版会

　本書は,ライフ(人生・いのち)と病いの語りをテーマとした9つの論考から成っています。「多様な見方」「意味転換」「変化プロセス」を重視するナラティヴ・アプローチを用いて,「今まで日陰におかれネガティヴに見られてきた「死」「喪失」「障害」「危機」「病い」などを,人が生きる上で不可欠なものとみなし,それらを抱えながら長い人生を生きるプロセスに光をあてようと」するものです。

　各章を読み進めると,当事者として深く関わった現場で得られた語りと格闘しながら,言葉を紡いでいく研究者の姿が浮かび上がってきます。本書は,人生と病いというテーマに深く向き合い,その現場を描き出すにとどまらず,「研究とは何か」という大きな問いを考えるきっかけを与えてくれます。

⑭ 島薗進・竹内整一編(2008)『死生学とは何か』(死生学1)東京大学出版会

　本書では,日本における死生学の展開の歴史と課題が概観されるほか,生命倫理,安楽死・尊厳死に作動する生権力,時間,死への怯え,自分の死などをキーワードに,多様な角度から死あるいは死生観について論じられています。また,『死ぬ瞬間』の著者として有名なエリザベス・キューブラー・ロスの思想,アメリカの死生観教育やイギリスの死生学等,死生学がいちはやく発展し日本にも大きな影響を与えたとされるアメリカやイギリスの研究・実践の歴史と現状についても述べられています。

　死に向き合うことは,医療関係者や教育者,宗教家等の専門家だけでなく私たち1人1人が取り組まざるを得ない課題です。「いかに死ぬか」を考えることは決してネガティヴなことではなく,希望を生み出す可能性もあることを感じさせてくれる1冊です。

⑮ 鷲田清一(2015)『老いの空白』岩波現代文庫

　本書は,〈老い〉が「問題」としてしか論じられていないことが問題なのではないかという指摘から始まります。ひとは〈老い〉とともに「できない」こと・「できなかった」ことから人生を見据えるようになる,と著者は述べます。そして,精神障害者らのグループホーム・共同作業所「浦河べてるの家」の取り組みや芹沢俊介の「する」ことと「ある」ことの対比等に触れながら,ひとの「ある」が生み出される「受けとめ手」との「小さな関係」に着目します。

急速なスピードで高齢化の進む日本では，次々に「問題」としての〈老い〉が浮上し続けています。本書は，そうした中で，一度立ち止まって老いの意味を考えることの重要性を教えてくれるのみならず，ただ「ある」ことが認められるという人間関係がいかに豊かなものであるかを感じさせてくれます。

⑯ 中山和弘・岩本貴編（2012）『患者中心の意思決定支援──納得して決めるためのケア』中央法規出版

　本書は，医療分野における，患者や家族の「意思決定支援」をテーマとして，患者中心の意思決定のための情報共有やコミュニケーションを支援する方法を紹介したものです。がん医療における医療コーディネーターによる支援，胃ろうの際の代理意思決定，リハビリテーションにおける iPad アプリを活用した支援等，日本における先駆的な事例が取り上げられています。

　ICT の発展により，専門的な情報や当事者の体験談等，私たちは膨大な情報を得ることが可能になりました。そこで課題となるのは，いかに自分に必要な情報を選択していくかということです。患者がどのような意思をもっているかによって，医療の専門家の関わり方は変わります。本書は，専門家とは何か，専門家が専門家でない人とどのように関われるのか，を考える一助となります。

⑰ 小熊祐子・富田眞紀子・今村晴彦（2014）『サクセスフル・エイジング──予防医学・健康科学・コミュニティから考える』慶應義塾大学出版会

　本書では，年を重ねていくことをプラスと考え，豊かに生きる「サクセスフル・エイジング」という概念を採用し，予防医学，健康科学，コミュニティの専門家たちが，それぞれの分野の専門性を融合し，「サクセスフル・エイジング」を実現するための健康論を展開しています。日本における健康に関する状況が概観される他，健康を維持するための生活習慣や健康サポートを行う上で理解すべき健康行動理論について解説されています。

　健康行動は個人で行うものですが，そこにはコミュニティや環境，政策等，さまざまなレベルの影響があります。サクセスフル・エイジングを実現させるために必要な QOL の向上について，さまざまな専門分野，レベルの視点からわかりやすく論じられており，専門でない人にとっても役立つ 1 冊です。

⑱ 東京大学高齢社会総合研究機構編（2014）『地域包括ケアのすすめ』東京大学出版会

　東京大学高齢社会総合研究機構は，研究の基本理念に「Aging in Place」を掲げ，住み慣れたところで自分らしく老いることができる社会の実現をめざし，ジェロントロジーの立場から総合的な研究を行う組織です。本書は，同機構が柏市豊四季台団地において実践する「柏プロジェクト」における「在宅医療を含む地域包括ケアシステム」の約5年間の取り組みについてまとめたものです。「地域包括ケアシステム」を実現させるために必要なもののひとつとして，多職種連携を挙げることができます。本書では，地域住民，市役所，医師会をはじめとする医療介護関係者など，さまざまな立場の人々が協働を進めていくプロセスが詳細に描かれています。

　都市部の急速な高齢化は，現在の日本社会の重要な課題です。近い将来，都市部が直面する課題解決のために活用できる要素が本書にはあふれています。

⑲ 嶺学編著（2008）『高齢者の住まいとケア——自立した生活，その支援と住環境』御茶の水書房

　本書は，高齢者の住まいとケアをテーマとして，関連する制度・政策動向について，経済社会全体の動向を踏まえながら整理し，自宅，および自宅と施設との中間に位置するとされるケアハウス，有料老人ホーム，グループホーム，コレクティブハウジングやグループリビングなどの共生住宅について，それぞれの現状と課題を論じています。高齢者は，可能な限り自宅で住み続けたいと望む場合が多いとされています。本書では，この期待を実現することが高齢者の住まいとケアの最も重要な課題であると捉えており，多様な住まいのあり方が報告されています。

　「自立」と「支援」のあり方，自分にとって幸せに生活できる住まい方とは何かを考えていくことは，超高齢社会を生きる私たちの大きな課題であり，本書はこの課題の解決に貢献し得る重要な指摘がなされています。

⑳ 水村容子（2014）『スウェーデン「住み続ける」社会のデザイン』彰国社

　本書は，スウェーデンの住宅や住環境，制度や政策に関する歴史的変遷や現状について詳細に検討することを通して，日本に暮らす人々の住まいや生活を見つめ直すことを目的としたものです。著者は，スウェーデンを，「「住み続ける」ためのハード（住宅）とソフト（制度）の整備が高度に進んでおり，そのことが福祉国家の基盤として捉えら

れてきた社会」と捉えています。そして，「住み続ける」ための条件を，①良質な住宅ストックが形成されていること，②必要が生じた時に住環境整備がスムーズに行えること，③経済的に困窮した際にも居住環境が実現できること，の3点にまとめて考察しています。

　現在の日本に見られる特別養護老人ホームや認知症グループホーム等の高齢者施設の原型はスウェーデンにあります。こうした「住み続ける」ことを目指したスウェーデンの高齢者の住まいの改革は現在も進められており，高齢化する日本の暮らしについても多くの示唆を与えてくれます。

おわりに：なぜ「ラーニングフルエイジング」なのか

エイジングにまつわる諸概念

　生物学的な老化に対して抗う「アンチエイジング」という言葉はすっかり人口に膾炙しましたが，高齢者研究においては「サクセスフル・エイジング（Successful Ageing）」の達成が重要な課題の一つとされてきました。

　サクセスフル・エイジングの理念は，(1) 病気・障害の回避，(2) 高い認知・身体機能，(3) 人生への積極的関与，が構成要素とされています（Rowe & Kahn, 1997）。たとえば，高齢者にとっての生きがい，どのように老いていくことが幸福な人生と言えるのか，といったことは，老年社会学の中でこれまで活発に議論されてきました。

　老年社会学の分野で構築された主要な理論として，「離脱理論（Disengagement Theory）」，「活動理論（Activity Theory）」，「継続理論（Continuity Theory）」という３つの理論があります。

　高齢者になれば社会的な活動量が減ること自体を当然とし，新たな活動を差し込む必要はないと考えるのが「離脱理論」です。一方で，高齢期における活動量の減少が，結果として高齢者の幸福度を下げると主張する立場が「活動理論」です。さらに，活動理論の発展として，減少する活動量を，他のなにかで埋めようとするのではなく，むしろ過去の仕事を継続し，過去に積み上げてきた強みをそのまま活かしていくべきだと考えるのが「継続理論」です。対立して見える考え方ではありますが，これらはどれも，今後の高齢者像を捉える上で重要な視座だと言えます。

　重要なのは，社会がどのような群衆としての「高齢者」を求めるかではなく，個人がどのように生きたいと主体的に考えるかであると，私は考えています。日本では老年社会学以外の分野からもアプローチがなされています。たとえば，東北大学の川島隆太さん・村上裕之さんは，エイジングによる経年変化に賢く

対処し，個人・社会が知的に成熟することを「スマートエイジング」と定義し，脳科学や医学の知見を基に研究を進められています。そして，高齢期を「知的に成熟する人生の発展期」として積極的に受容する，積極的な高齢者観を社会に提示しています。また，ポジティブ心理学の知見に基づいた同志社女子大学の日下菜穂子さんらが提唱する「ワンダフル・エイジング」（日下 2011）という概念も，非常に興味深いものです。

　本書で今回提起した新概念，「ラーニングフルエイジング（Learningful Ageing）」も，これらエイジング研究の系譜に位置づくもので，他概念と対立軸にあるものではありません。「ラーニングフルエイジング」どのような方法で「よく生きる」を実現していくか，その方法を具体化する際，学習（Learning）という視点に立つことを明示的に主張するものです。

「よく」生きるとは何か

　少しだけ個人的な話をさせていただければと思います。私がこの研究テーマに取り組むきっかけになったのは，私がこれまでに，多くの「よき大人たち」を見て育ったことと深い関係があります。私自身，現在年を重ねることが楽しみで仕方なく，毎日充実した「Life」を送っています。

　私の親友の1人が，「生活」と「Life」は全く違うものだと言いました。確かに，後者は生命であり魂であり肉体であり，すなわち「私そのもの」でありますから，それにまつわる様々な「生きるための活動」とは違います。「Life」，すなわち「私そのもの」が「よい」とはどのような状態か，これが，私の生涯をかけて考えたい命題です。

　このようなことを考えるにあたり，父，母，恩師，そしてお世話になった人生の多くの諸先輩方が，学びに溢れた時間を過ごし楽しそうに生きていることが，私にとって契機となっていることは疑う余地がありません。私も，「よい」年のとり方をしたいと，強く思っています。

　ここで，一遍の詩を紹介したいと思います。

おわりに:なぜ「ラーニングフルエイジング」なのか

> 老いてゆく中で
>
> 若さを保つことや善をなすことはやさしい
> すべての卑劣なことから遠ざかっていることも
> だが心臓の鼓動が衰えてもなお微笑むこと
> それは学ばれなくてはならない
>
> それができる人は老いてはいない
> 彼はなお明るく燃える炎の中に立ち
> その拳の力で世界の両極を曲げて
> 折り重ねることができる
>
> 死があそこに待っているのが見えるから
> 立ち止まっているのはよそう
> 私たちは死に向かって歩いて行こう
> 私たちは死を追い払おう
>
> 死は特定の場所にいるものではない
> 死はあらゆる小道に立っている
> 私たちが生を見捨てるやいなや
> 死は君の中にも私の中にも入り込む
>
> ヘルマン・ヘッセ著,V・ミヒェルス編,岡田朝雄訳
> 『人は成熟するにつれて若くなる』より

　私たちに必ず等しく訪れる出来事,それは死です。「よく」生きることとは,すなわち,「よく」死ぬこととも言えそうです。どのように生と死に向き合っていくか,このような視座に立ち,私のエイジング研究は始まりました。ボーヴォワールは『第二の性』の中で,「人は女に生まれるのではない,女になる

のだ」と書いています。人間も，考える葦として，学ぶことを通じて「人になっていく」のだと私は考えています。

　私は1人の教育学者として，エイジング研究に挑むためには学際的な協働が必須であると考えています。そして，社会にある多くの問題解決に，教育学の知見は有用であると考えています。協働の先駆けとして，領域間の相互交流と議論のためのプラットフォームが必要だと考えました。このような想いで企画した「ラーニングフルエイジング研究会」は，これまで全14回開催，延べ400人の方々にご参加いただくことができました。企画者として嬉しい限りです。

　今後も研究・実践を継続し，Facebook グループやプロジェクトのホームページにて，情報発信に励みたいと考えています。本書を手に取られた皆様と，いつかどこかでお会いできることを，心から楽しみにしております。

「ラーニングフルエイジング――超高齢社会における学びの可能性」
facebook：https://www.facebook.com/learningful.aging/
〈ラーニングフルエイジング〉プロジェクト
ホームページ：http://learningful-ageing.jp/

　最後になりましたが，関係者の皆様に御礼を申し上げます。特に，この学際的な共同研究の開始を快諾・支援してくださった医療法人医凰会理事長の林義智さん，業務多忙の中，足繁く研究会に通ってくださった医療法人医凰会の高野暢彦さん，奥田弓子さん，本研究を支えてくださった私の恩師，東京大学の山内祐平さん，研究相談に乗ってくださった早稲田大学の森康郎さん，そして研究遂行を支えてくださった多くの皆様にこの場を借りて深く感謝いたします。

　また，本書を編むにああたり，ミネルヴァ書房編集部浅井久仁人さんには大変お世話になりました。原稿のとりまとめから細やかな調整まで，本当にありがとうございました。

参考文献
川島隆太・村田裕之（2012）『年を重ねるのが楽しくなる！［スマートエイジング］

という生き方』扶桑社。

日下菜穂子（2011）『ワンダフル・エイジング——人生後半を豊かに生きるポジティブ心理学』ナカニシヤ出版。

シモンヌ・ド・ボーヴォワール著，『第二の性』を原文で読み直す会訳（2001）『決定版第二の性〈1〉事実と神話』新潮社。

ヘルマン・ヘッセ著，V・ミヒェルス編，岡田朝雄訳（2011）『人は成熟するにつれて若くなる』草思社。

John Rowe and Robert Kahn. (1997) "Successful ageing." The Gerontologist, 37(4), 433-440.

編者　森　玲奈

執筆者紹介（執筆順，執筆担当）

森　　玲奈（もり・れいな，編著者紹介参照）　はじめに，第10章，おわりに

中山　和弘（なかやま・かずひろ，聖路加国際大学大学院看護学研究科）　第1章

水村　容子（みずむら・ひろこ，東洋大学ライフデザイン学部）　第2章

片桐　恵子（かたぎり・けいこ，神戸大学大学院人間発達環境学研究科）　第3章

梶谷　真司（かじたに・しんじ，東京大学大学院総合文化研究科）　第4章

岩瀬　　哲（いわせ・さとる，東京大学医科学研究所）　第5章

山内　祐平（やまうち・ゆうへい，東京大学大学院情報学環）　第6章

成瀬　友梨（なるせ・ゆり，東京大学大学院工学系研究科）　第7章

後藤智香子（ごとう・ちかこ，東京大学大学院工学系研究科）　第7章

後藤　　純（ごとう・じゅん，東京大学高齢社会総合研究機構）　第7章

大武美保子（おおたけ・みほこ，千葉大学大学院工学研究科）　第8章

孫　　大輔（そん・だいすけ，東京大学大学院医学教育国際研究センター）　第9章

園部友里恵（そのべ・ゆりえ，三重大学教育学部）　ブックガイド

〈編著者紹介〉

森　玲奈（もり・れいな）
帝京大学高等教育開発センター講師。博士（学際情報学）。
東京大学大学院学際情報学府博士課程満期退学。東京大学大学院情報学環特任助教を経て現職。学び続ける人とそれを包み込む社会に関心を持ち，生涯学習に関する研究と実践を続けている。2008年度日本教育工学会研究奨励賞受賞。2010年度日本教育工学会論文賞受賞。NPO法人 Educe Technologies 理事。主な著書に『ワークショップデザインにおける熟達と実践者の育成』（単著，ひつじ書房），『ワークショップデザイン論：創ることで学ぶ』（共著，慶應義塾大学出版会）などがある。
個人 HP：http://www.harinezuminomori.net/

「ラーニングフルエイジング」とは何か
――超高齢社会における学びの可能性――

2017年3月25日　初版第1刷発行　　　〈検印省略〉

定価はカバーに
表示しています

編著者	森	玲奈
発行者	杉田	啓三
印刷者	中村	勝弘

発行所　株式会社　ミネルヴァ書房
607-8494　京都市山科区日ノ岡堤谷町1
電話(075)581-5191／振替01020-0-8076

© 森玲奈ほか，2017　　　中村印刷・清水製本

ISBN978-4-623-07882-0
Printed in Japan

よくわかる高齢者心理学

佐藤眞一・権藤恭之編著　B5判216頁　本体2500円

●本書は，老化や高齢期に関する心理学の基礎的な知見を，認知情報処理・情動・社会など様々な観点から概説する。99のトピックを各見開き2ページで解説し，高齢者心理学の重要なテーマを網羅した，初学者にもわかりやすいテキストである。「老い」とは何かを理解し，現在の超高齢社会をよりよいものにしていくために，私たちには何ができるのかを考えるのに必要な知識を提供する。

インフォーマル学習

山口祐平・山田政寛編著　A5判192頁　本体2700円

●フォーマルなラーニング（企画・設計され，準備された教材コンテンツを用いたシナリオ通りに実施する学習）に対して，インフォーマル学習は，学習者が個人で学ぶ学習，勉強会や通信教育を通した学習，参考図書を読むなどといった非公式な学習行為を指す。本書では様々な場での学習や企業での人材育成に活用されるインフォーマル学習の実際を紹介する。

教育実践研究の方法──SPSSとAmosを用いた統計分析入門

篠原正典著　A5判220頁　本体2400円

●分析したい内容項目と分析手法のマッチングについて，知りたい内容や結果から，それを導き出すための分統計分析方法がわかるように構成した。統計に関する基礎知識がない人，SPSSやAmosを使ったことがない人でも理解できるよう，その考え方と手順を平易に解説した。

──ミネルヴァ書房──

http://www.minervashobo.co.jp/